Reise durch

ITALIEN

Bilder von
Max Galli

Texte von
Ulrike Ratay

Stürtz

Seite 10/11:
Blick von dem gotischen
Palazzo Pubblico auf die
muschelförmige Piazza
del Campo. Alle Straßen

Sienas treffen sich am
„Il Campo" mit der Fonte
Gaia, dem rechteckigen
Brunnen mit Reliefs von
Iacopo della Quercia.

Am 2. Juli und 16. August
findet hier der Palio delle
Contrade statt, das Pferde-
rennen der Stadtbezirke
Sienas.

Inhalt

Italien – Land der Sehnsucht

Papstmesse auf dem Petersplatz in Rom. Die geniale Platzanlage Gian Lorenzo Berninis empfängt die Gläubigen mit vierfachen halbkreisförmigen Kolonnaden, die von 140 Heiligenfiguren geschmückt werden. Darüber erhebt sich die Kuppel des Petersdoms, an dem so berühmte Architekten wie Donato Bramante, Raffael und Michelangelo mitwirkten.

Für die ersten Italienreisenden war Rom das Zentrum der christlichen Welt. Die Pilger, deren Ziel die Gräber von Petrus und Paulus waren, wurden im Jahre 1300 zu einem wahren Pilgerstrom, als Papst Bonifatius VIII. nicht nur das Heilige Jahr ausrief, sondern auch jedem vollkommenen Ablass versprach, der die Heiligengräber besucht hatte. Ein Italienreisender aus Glaubensgründen war auch Martin Luther, der sich im Jahre 1510 von seinen Zweifeln am Papsttum an Ort und Stelle überzeugte.

Die Humanisten suchten in Rom nicht das christliche Heil, sondern die antiken Überreste der Stadt, und wandelten auf den Spuren der Autoren aus jener Zeit. Zu einer richtigen Italienbegeisterung, die fest mit dem Namen Johann Joachim Winckelmann verbunden ist, kam es aber erst im 18. Jahrhundert. Mit seiner „Geschichte der Kunst des Alterthums", in der er die „edle Einfalt und stille Größe" der römischen und griechischen Kunstwerke beschreibt, beeinflusste er nachhaltig das Kunstideal der deutschen Klassik. Nicht nur Gotthold Ephraim Lessing (1775) und Johann Gottfried Herder (1788) fuhren daraufhin nach Italien, auch der wohl berühmteste deutsche Italienreisende Johann Wolfgang von Goethe trat 1786 seine „Italienische Reise" an. Und das Lied der Mignon aus „Wilhelm Meisters Lehrjahren", „Kennst du das Land, wo die Zitronen blüh'n, ...", verleiht bis heute der Sehnsucht nach Italien Ausdruck.

Der Strom der Reisenden setzte sich auch im 19. Jahrhundert fort. Unter den Italienreisenden sind Namen wie die der Maler Anselm Feuerbach und Arnold Böcklin und die der Schriftsteller Ludwig Tieck, Heinrich Heine, Friedrich Hebbel, Theodor Fontane oder Gerhardt Hauptmann. Richard Wagner starb 1883 in Venedig. Thomas Mann verarbeitete sein Italien im „Tod in Venedig".

Italiens Geschichte beginnt bei den Etruskern und Griechen

Die Zeugnisse der Geschichte in Italien sind zahllos und unvergleichlich. Ursprünglich war Italien wohl von Bauern- und Hirtenvölkern besiedelt. Bereits um 1000 vor Christus ist die frühzeitliche Villanova-Kultur bezeugt. Für die Entwicklung hin zum Zentrum der antiken Welt waren aber zwei andere Volksgruppen verantwortlich: die Etrusker und Griechen.

Die ersten Griechen in Italien würde man heute als Wirtschaftsflüchtlinge und politische Verfolgte bezeichnen. In Griechenland war das Land knapp geworden und die Landwirtschaft konnte nicht mehr alle ernähren. Machtkämpfe unter den griechischen Herrschern ließen ganze Gefolgschaften samt König auswandern. Sie bestellten das Ackerland im Süden Italiens und trieben Handel mit dem griechischen Festland und den Etruskern. Die Versuche Athens und Syrakus', die griechischen Stadtstaaten in Italien zu einem Großreich „Magna Graecia" zusammenzuschließen, scheiterten in zahllosen Schlachten.

Die Etrusker kamen ab 900 vor Christus nach Italien und ließen sich hauptsächlich im heutigen Latium und in der Toskana nieder, wo noch viele ihrer Hinterlassenschaften erhalten sind. Sie schlossen um 600 vor Christus den „Zwölfstädtebund" und bauten, um mit den Griechen Handel zu treiben, lange Straßen nach Süden. An einem dieser Handelswege lag auch ein kleiner Ort namens Rom, der, nachdem die Etrusker die Sümpfe trockengelegt hatten, rasch zu einer blühenden Stadt aufstieg.

Rom – Zentrum der antiken Welt

Doch der Legende nach sind die Anfänge Roms natürlich glanzvoller als der einfache wirtschaftliche Aufstieg eines Nests, das seine Bedeutung einer Handelsstraße der Etrusker verdankt. Die Gründer Roms, Romulus und Remus, sind Söhne des Kriegsgottes Mars und wurden von einer Wölfin aufgezogen.

Am 21. April 753 vor unserer Zeitrechnung gründen sie Rom, das bis 510 vor Christus von den sieben etruskischen Königen, den Tarquiniern, regiert wird. Während dieser Zeit erreicht Rom die führende politische Stellung

In den Jahren von 1420 bis 1434 schuf Filippo Brunelleschi sein Meisterwerk: die Domkuppel von Florenz, die den Duomo Santa Maria del Fiore bekrönt. Zwischen den beiden Bauschalen kann man bis zur Laterne der Kuppel emporsteigen und einen herrlichen Blick über die Stadt genießen.

im Latium, was nun nicht mehr der Legende, sondern der Wirklichkeit entspricht. In den nächsten 200 Jahren eroberte Rom fast die gesamte italienische Halbinsel. In den drei Punischen Kriegen schaltete es seinen größten Rivalen im Mittelmeerraum – Karthago – trotz des genialen karthagischen Feldherrn Hannibal aus. Doch die außenpolitischen Erfolge Roms auf dem Weg zur Weltmacht wurden begleitet von innenpolitischen Missständen. Die Gracchenaufstände gegen die ungerechte Verteilung des Grundbesitzes zuungunsten des Proletariats endeten in der grausamen Diktatur Sullas, die das Ende der römischen Republik bedeutete. Das Ende der Republik hieß aber nicht das Ende der Herrschaft Roms. Erst in der folgenden Kaiserzeit, an deren Beginn Julius Cäsar auf Lebenszeit steht, erlangte Rom unter dem Kaiser Augustus die führende Stellung in der antiken Welt und erfuhr eine Blütezeit in Literatur und Kunst. Die Vorrangstellung Roms wurde erst durch den Kaiser Konstantin gebrochen, der 330 nach Christus die Hauptstadt des Reiches nach Byzanz (Konstantinopel) verlegte. 476 setzte der Germane Odoaker den letzten weströmischen Kaiser Romulus Augustulus ab.

Italien im Mittelalter:
Kämpfe der Päpste und Kaiser

Danach folgte eine Zeit der Kämpfe zwischen Germanen, Goten, Langobarden, regionalen römischen Machthabern und den byzantinischen Kaisern. Italien war in viele kleine Machtbereiche zersplittert. In Rom nutzte der Papst die Entfernung zu den Kaisern, um sich dort die Vormachtstellung zu sichern. Dies führte zum Streit mit Byzanz, wo die Langobarden den Papst unterstützten. Doch auch die Langobarden erwiesen sich als Gefahr für das Papsttum. Der Frankenkönig Pippin und später sein Sohn Karl der Große griffen auf Seiten des Papstes ein und Karl der Große schlug die Langobarden vernichtend. Ein großes christliches Reich unter der Herrschaft der Franken entstand. Doch die Allianz zwischen Kaiser und Kirche litt unter den Machtansprüchen der beiden Partner.

Der Machtkampf erreichte seinen Höhepunkt im Investiturstreit zwischen Heinrich IV. und Papst Gregor VII.

Während Papst und Kaiser in ständigem Streit lagen, erlebten die Städte in Nord- und Mittelitalien einen wirtschaftlichen Aufschwung. Aber auch die politisch eigentlich autonomen Stadtstaaten mussten sich für eine Partei entscheiden und so kämpften zum Beispiel in Florenz die Guelfen (Papsttreuen) gegen die Gibellinen (Kaisertreuen), bis Friedrich II. 1250 starb und der Sieg der Guelfen feststand. Erst im 14. Jahrhundert legten sich die Fehden zwischen kirchlichen und weltlichen Herrschern und es brach eine Zeit der politischen Unabhängigkeit und wirtschaftlichen Blüte an.

Die Renaissance

Je mehr die Macht von Papst und Kaiser verfiel, desto mächtiger wurden die Stadtstaaten in Nord- und Mittelitalien. Ihre wirtschaftliche Stärke und eine Zeit des Friedens unter der „Lega Italica" (Italienische Liga), eines Verteidigungsbündnisses zwischen Mailand, Florenz und Venedig, bildete die Grundlage für eine Kunstepoche, die für das Ansehen Italiens genauso wichtig ist wie die Zeugnisse der Antike. Ausgangs- und Mittelpunkt der Renaissance war Florenz, das sich von einer Kleinstadt im 11. Jahrhundert zu einem Handels- und Finanzzentrum am Ende des 14. Jahrhunderts entwickelte. Voraussetzung dafür war der einträgliche Wollhandel, den die „Arte della Lana" genannte Gilde betrieb. Der Wohlstand drückte sich in einer repräsentativen Kunst aus. Die Renaissance, deren Prinzip auf der Wiederentdeckung der antiken Kunst beruhte, brachte Namen und Kunstwerke von unvergleichlichem Rang hervor. Stehen Brunelleschi für die Baukunst, Donatello für die Bildhauerei und Masaccio in Nachfolge von Giotto für die Malerei der Frührenaissance, so steigert sich die Bekanntheit der Künstler der Hochrenaissance noch. Michelangelo, Bramante, Raffael, Tizian und der Universalkünstler Leonardo da Vinci sind epochale Gestalten der Kunstgeschichte. Auch wenn die Kunst der Hochrenaissance (1495-1530) sich weiter im Manierismus und Barock fortsetzte, war das politische Kunstwerk der „Lega Italica" bereits 1492 wieder zerbrochen. Ludovico il Moro, der Herrscher Mailands, geriet in Streit mit dem König von Neapel und bewegte den König von Frankreich, Karl VIII., dazu, Neapel und die umliegenden Staaten zu erobern. Bei der Schlacht von Fornovo 1495 unterlagen die italienischen Truppen und die nächsten 30 Jahre folgten Invasionen, Bürgerkriege und Revolten und Italien war nicht mehr der kulturelle Mittelpunkt Europas.

Von Pieve am nördlichen Abschnitt des Westufers aus hat man einen großartigen Blick auf den Gardasee – die Felswände scheinen geradezu senkrecht abzufallen. Der kleine Ort mit seiner Kirche aus dem 15. Jahrhundert liegt auf der Hochebene Tremosine.

Italien heute

Nachdem zuerst die Spanier und dann die Österreicher nach der Schlacht von Fornovo über Italien geherrscht hatten, verbreitete sich im Zuge der Französischen Revolution der Gedanke an ein unabhängiges Italien. Aber erst 1870, als die Truppen Viktor Emmanuels II. von Savoyen in Rom einmarschierten, fand der Kampf des Risorgimento, der Einigungsbewegung, ein Ende. Italien wurde eine parlamentarische Demokratie mit dem König Victor Emanuel II. als Regierungsoberhaupt. Auch wenn der Vatikan schmollte, sich fast 50 Jahre hinter seinen Mauern verbarrikadierte und das neue Italien mit Missachtung strafte.

Nach dem ersten Weltkrieg nutzte Mussolini die gespannte soziale und wirtschaftlich schlechte Situation und wurde mit 39 Jahren jüngster Ministerpräsident Italiens, bevor er sich nach fragwürdigen Wahlen 1924 als Diktator und „Duce" zeigte, der sich im Zweiten Weltkrieg mit Deutschland verbündete. Nach dem Krieg entschieden sich die Italiener in einer Volksabstimmung 1946 mit 54% für die Staatsform einer Republik. Herausragendes Merkmal der oft undurchsichtigen und von Korruptionsskandalen gebeutelten italienischen Politik ist der häufige Regierungswechsel, der Italien von der Nachkriegszeit bis heute fast 60 Regierungen beschert hat. Obwohl Italien erst seit 1870 eine politische Einheit bildet, gibt es bereits wieder Abspaltungstendenzen. Im Jahre 1996 riefen Anhänger der Lega Nord in Venedig die Repubblica Padania aus und machten offenkundig, dass das wirtschaftliche Nord-Süd-Gefälle in Italien immer gegenwärtig ist.

Italien ist nicht gleich Italien

Trotz des einheitlichen Nationalstaates Italien gibt es natürlich – wie in jedem anderen Land – nicht „den" Italiener. Es scheint, als prägten die Region und die Geschichte den Menschen: Die Römer sind aggressiv, die Florentiner reser-

Vergangenheit den Reiz aus. Allein der antiken Denkmäler sind zu viele, um sie auch nur aufzuzählen. Und es werden immer neue Funde in der reichen Erde Roms gemacht. Unzählige Kirchen aus frühchristlicher Zeit, die mit ihren antiken Bruchstücken die Verbindung zur nächsten Epoche herstellen, bis zu glanzvollen Barockkirchen zeugen von der Hauptstadt des katholischen Glaubens. Die Unterwelt der Antike, das Labyrinth der Katakomben, ist länger als die U-Bahn, die Metropolitana. Über 1000 Brunnen erfrischen nicht nur den ermüdeten Touristen mit trinkbarem Wasser, sondern sind teilweise selbst Denkmale mit Weltruf, wie zum Beispiel die Fontana di Trevi, die durch das Bad Anita Ekbergs in Fellinis Film „Das süße Leben" zum Inbegriff des „Dolce Vita" wurde. Doch Sehenswürdigkeiten sind längst nicht alles, was Reisende seit Jahrhunderten auf allen Wegen nach Rom führt. Rom ist nicht nur eine Museumsstadt, hier wird auch gelebt. Die Piazza Navona ist ein beliebter Treffpunkt der Römer, an dem sie sich morgens zum Caffè oder Cappuccino, am frühen Abend zum Aperitivo oder Vino und dann natürlich zum Sehen und Gesehenwerden einfinden. Dass Rom noch längst nicht untergegangen ist, hört man auch Tag für Tag, wenn die Blechlawinen brausen, die Hupkonzerte ertönen und die Motorroller knattern. Rom ist immer noch Roma aeterna – die Ewige Stadt mit viel Geschichte und viel Leben.

Neapel

Neapel, die Hauptstadt des Südens und die drittgrößte Stadt nach Rom und Mailand, hat eine einmalige Lage am Fuße des Vesuvs und am Nordrand der lichtdurchfluteten Bucht des Golfs von Neapel. Die Häuser, Paläste, Bastionen und Terrassengärten steigen fast wie in einem antiken Theater die Hügel empor. Der Name Neapel geht auf Neapolis zurück, die „Neue Stadt", die griechische Siedler aus Cumae im 5. Jahrhundert vor Christus im Bereich des jetzigen Hafenviertels gründeten. In das Römische Reich wurde Neapel 326 vor Christus eingegliedert und war sogar kurze Zeit seine zweite Hauptstadt. Die Römer, angezogen durch das Klima und die Landschaft, bauten prunkvolle Villen. Kaiser verbrachten hier den Winter. Die meisten Baudenkmäler stammen jedoch aus der Zeit nach dem Normannenkönig Roger II. Er und alle nachfolgenden Herrscher schmücken als Statuen die Fassade des Palazzo Reale in der Stadtmitte. Neben den Burgen, Palästen und Kirchen bietet Neapel auch ein archäologisches Museum von Weltrang: das Museo Archeologico Nazionale. Neben der berühmten Sammlung, die König Karl III. von

Riomaggiore ist eines der fünf Dörfer des Küsten-abschnitts Cinque Terre in Ligurien. Auf den steilen Hangterrassen oberhalb der Dörfer wachsen die Trauben für Weißweine und für den süßen Dessert-wein Sciacchetrà.

Bourbon von seiner Mutter Elisabeth Farnese von Parma erbte, werden hier vor allem die Ausgrabungsfunde aus Pompeji, Herculaneum und Cumae gezeigt. Als bis 1650 die Stadtbevöl-kerung explosionsartig anwuchs, entstanden hier die ersten Hochhäuser Europas mit fünf bis sechs Stockwerken. Mit der überaus dichten Besiedlung, hohen Arbeitslosigkeit und Ver-brechensrate ist Neapel eher eine Außenseiterin unter den italienischen Reisestädten. Dem-gegenüber stehen ihr kultureller Reichtum und vor allem die lebhaften und freundlichen Nea-politaner.

Seite 22/23:
Schlummernde Gefahr: Die Bewohner der Orte rund um den Vesuv, dem einzigen noch aktiven Vulkan auf dem europä-ischen Festland, müssen mit der Gefahr leben. Berühmt wurde der Ausbruch am 24. August des Jahres 79 n. Chr., der die antiken Orte Pompeji, Herculaneum und Stabiae vernichtete.

Seite 24/25:
Blick über Montalcino in der Toskana. Als Siedlungsort war das Städtchen schon zu etrus-kischen Zeiten bekannt. Im Mittelalter war es von Siena und Florenz um-kämpft, bis es sich 1260 den Sienesen unterwarf, die im 14. Jahrhundert die Burg erbauten.

Kultur und Natur in Norditalien

Grandios ist der Blick von der Cime di Ventrar auf den Gardasee. Mit 1751 Metern ist diese Erhebung einer der gemäßigten Gipfel des Monte Baldo-Massivs, das vor allem wegen seiner einzigartigen Flora berühmt ist.

In Norditalien findet man beides: Kultur und Natur. Die Stadtstaaten des Mittelalters mit ihren einzigartigen Bau- und Kunstwerken der mächtigen Familien Visconti in Mailand, Gonzaga in Mantua und Della Scala in Verona sind nur ein Aspekt des Nordens. In den Nationalparks der Regionen Südtirol und im Aostatal kann man auf einsamen Bergwanderungen Alpengipfel stürmen, oder in den Tälern die Natur genießen. Die oberitalienischen Seen mit ihren Möglichkeiten zum Wassersport und vielen anderen nicht nur landschaftlichen Reizen laden zum Verweilen ein. Jeder der fünf größeren Seen, Lago Maggiore, Lago di Lugano, Lago di Como, Lago d'Iseo und Lago di Garda, hat sein eigenes Gesicht, obwohl alle in der letzten Eiszeit aus Gletschern entstanden sind und infolgedessen alle in Nord-Süd-Richtung verlaufen. An der Küste Liguriens kann man sich an Stränden entspannen. In der Wirtschaftsmetropole Mailand schlägt das industrielle Herz Italiens. Doch Mailand ist auch Modestadt dank so klangvoller Namen wie Armani, Valentino und Versace und besitzt mit der „Scala" die älteste Oper der Welt. Der gotische Dom Mailands, im Jahr 1386 begonnen und erst 1813 fertiggestellt, beeindruckt mit seinen 135 Maßwerkfilialen und 2245 Marmorfiguren aus allen Epochen nicht nur von außen.
Venedig zieht Jahr für Jahr unzählige Menschen in seinen Bann. Doch ist es nicht die einzige sehenswerte Stadt des Veneto: In und um Vicenza kann man auf den Spuren Andrea Palladios die Renaissance-Architektur erkunden. In Verona, der Stadt Romeos und Julias, lauscht man in der Arena der Oper Aida oder besichtigt die Relikte der Römerzeit. In der lombardischen Nordostecke Italiens findet man eine ganz eigene Atmosphäre, die in der Geschichte durch Venedig und das kaiserliche Österreich stark beeinflusst wurde. Die Hauptstadt Triest war einst die große Handelsrivalin Venedigs.

Unten:
Eingerahmt von den
Flüssen Talfer, Eisack und
Etsch liegt die Provinz-
hauptstadt Südtirols zu
Füßen der im Osten

aufragenden Dolomiten:
Bozen lockt mit einer
historischen Innenstadt,
die von ausgedehnten
modernen Vorstadtvierteln
umgeben ist.

Rechts oben:
1949 versank die Kirche
mitsamt dem ganzen Dorf
Graun im Reschenstausee,
einzig der Kirchturm

erinnert noch an den O
Der Stausee dient d
Stromgewinnung und ve
sorgt die Dörfer im ober
Vinschga

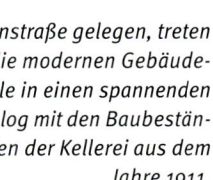

Rechts Mitte:
Außergewöhnliche
rchitektur und Wein: Das
Winecenter in Kaltern
urde von der Architekten-
gruppe feld 72 aus Wien
erbaut. An der Südtiroler
Weinstraße gelegen, treten
die modernen Gebäude-
teile in einen spannenden
Dialog mit den Baubestän-
den der Kellerei aus dem
Jahre 1911.

Rechts unten:
Weinlese bei Tramin.
Typisch für Südtirol ist die
Rebenerziehung zu Pergln.
Bei dieser Dachlauben-
erziehung müssen alle
Pflege- und Erntearbeiten
von unten erfolgen.

Seite 30/31:
Malerisch zu Füßen der Texelgruppe im Norden und in dem sich nach Süden hin öffnenden Etschtal gelegen, lockt Meran in Südtirol mit seinem bekannt milden Klima. Das Bild des beliebten Kurortes wird geprägt von Promenaden und repräsentativen Bauten aus der Zeit der Belle Époque.

Die Kirche St. Johann mit ihrem hübschen Zwiebelturm wurde Mitte des 18. Jahrhunderts von Michael von Jenner gestiftet. Im Hintergrund die wildgezackten Geislerspitzen über dem Vilnössertal in Südtirol.

Die Drei Zinnen in den Sextner Dolomiten gehören zu den berühmtesten Bergformationen der Welt. Deren höchste Erhebung, die Große Zinne, ragt 2999 Meter in den Himmel.

Als ein Wahrzeichen Südtirols gilt der Schlern mit seiner charakteristischen Form. Die Hochfläche des Dolomitenberges wurde schon in der Frühgeschichte weidewirtschaftlich genutzt.

Die Burg Fénis am rechten
Ufer der Dora Baltea
im Aostatal wurde 1340
von Aymont Challant
gegründet. Zinnen, Türme
und Schießscharten
betonen den wehrhaften
Charakter der Anlage. Im
Innern der Burg sind
Wandmalereien aus dem
15. Jahrhundert sehenswert.

Der Arco di Augusto
aus dem Jahre 24 v. Chr.
wurde 1912-1914 gut
restauriert und ist nicht
das einzige sehenswerte
römische Bauwerk in
Aosta. Augusta Praetoria
Salassorum wurde die
Stadt zur Römerzeit
genannt und ist heute
Hauptstadt der gleich-
namigen Provinz und
Bischofssitz.

Auf dem Punta Helbronner mit 3462 Metern Höhe im Aostatal mit Blick auf den Monte Bianco, beziehungsweise Montblanc. Über diesen Gipfel führt auch die höchstgelegene Seilbahn der Welt, von La Paluda (1306 m) über den Punta Helbronner zum französischen Montblanc.

Ein Blick in die andere Richtung vom Punta Helbronner ins Tal von Courmayeur. Courmayeur ist einer der bekanntesten Wintersportorte Italiens und gewissermaßen das Gegenstück zum französischen Chamonix.

Blau behelmter Pavillon vor dem Comer See. Der Garten und die Villa Melzi in Bellagio entstanden in den Jahren 1808 bis 1815 nach Plänen von Giocondo Albertolli.

Unten:

Äußerst malerisch liegt Varenna am Ostufer des Comer Sees. Der schöne Ortskern wird von der schon im 13. Jahrhundert erbauten Kirche San Giorgio überragt, die allerdings im 17./18. Jahrhundert umgestaltet wurde.

Unten Mitte:

Gotische Merkmale trägt der Dom Santa Maria Maggiore in Como, obwohl er aus der zweiten Hälfte des 15. Jahrhunderts stammt. Die Provinzhauptstadt liegt an der südwestlichen Spitze des nach ihr benannten Sees.

Ganz unten:

Nicht nur das Meer lockt in Italien: Badestrand am Lago di Como, der mit über 400 Metern einer der tiefsten Seen Europas ist. Schon die Römer erbauten die ersten Prachtvillen in dieser herrlichen Seekulisse.

Rechts:
Zwischen Wasser und Felsen liegt das ehemalige Fischerdörfchen Limone am Westufer des Gardasees. Der Name des Ortes geht auf das lateinische „limes" (Grenze) zurück und nicht auf die Zitrusfrucht.

Ganz rechts oben:
Blick auf Torbole am Gardasee. Der Ort liegt am Fuße des nördlichen Ausläufers des Monte Baldo und ist wegen der lebhaften Winde besonders bei den Surfern beliebt.

Ganz rechts Mitte:
Der Hafen von Sirmione wird von einer Wasserburg überragt. Diese gilt als bedeutendste Befestigungsanlage des Gardasees und entstand um 1300.

Rechts:
Überragt von seinem stolzen Skaligerkastell besitzt Malcesine wohl eine der berühmtesten Stadtansichten am Gardasee. Siedlungsspuren auf dem Burgfelsen verweisen darauf, dass hier bereits die Etrusker weilten.

Links:
Schöne Ausblicke auf den Lago Maggiore genießt man von der eleganten Uferpromenade in Stresa. Der Kurort liegt am westlichen Ufer des Sees.

Ganz links Mitte:
Isola Bella, die schöne Insel, liegt bei Stresa im Lago Maggiore und gehört zu den Borromäischen Inseln.

Ganz links unten:
Die Isola dei Pescatori, die Fischerinsel, gehört zu den Borromäischen Inseln in Lago Maggiore und ist seit dem 14. Jahrhundert bewohnt.

Links:
Unweit der Schweizer Grenze liegt Cannobio am Westufer des Lago Maggiore. Im Hinterland lockt das schöne Valle Cannobina.

Oben:
Moderne Skulptur in
altem Städtchen: Orta
San Giulio liegt am Ostufer
des Ortasees, dem
„kleinen Bruder" des
Lago Maggiore.

Rechts:
Der Palazzo della
Comunità auf der Piazza
Mario Motta in Orta San
Giulio ist ein Renaissance-
bau aus dem Jahre 1582.

Oben:

Blick auf Turin, die Hauptstadt des Piemont. Überragt wird Turin von seinem Wahrzeichen der Mole Antonelliana. Ursprünglich als Synagoge geplant, wurde das Bauwerk 1863 nach Plänen von Alessandro Antonelli begonnen, 1869 an die Stadt verkauft, und zwischen 1878 und 1890 der markante Turm aufgesetzt.

Links:

Das Castello del Valentino liegt im Parco del Valentino südlich des Ponte Umberto I. am Fluss Po in Turin. Es wurde 1620 bis 1660 für Maria Christina von Frankreich, der Gattin von Vittorio Amedeo I. erbaut.

Links:
Weinberge im Piemont. Zu den piemontesischen Weinen zählen die Weine aus der Barbera-Traube, der Barolo, der Barbaresco und Dolcetto. Direkt nach der Rebsorte benannt ist der Nebbiolo a'Alba.

Unten:
Von Weinanbau geprägt ist die piemontesische Landschaft der Langhe, die zwischen der Poebene bei Turin und den Ligurischen Alpen liegt.

Unten Mitte:
Aus Nebbiolo-Trauben, die auf den Kalkböden der Langhe-Berge wachsen, wird der Barolo gekeltert, einer der Spitzenweine Italiens, für den ein zartes Veilchenaroma typisch ist.

Oben:
Nicht in Pergln wie in Südtirol, sondern in der üblichen Spaliererziehung wachsen die Reben im Piemont und bringen die berühmten dortigen Weine hervor.

43

*Der Bau des gewaltigen,
drittgrößten gotischen
Doms Europas in Mailand
wurde im Jahr 1386
begonnen, aber erst 1813
vollendet. 135 Maßwerk-
filialen und 2245 Marmor-
statuen schmücken das
Äußere der Kirche. In
108,5 Metern Höhe, auf
dem höchsten der Türme,
steht die „Madonnina",
vier Meter groß und
vergoldet.*

Unten:

*Mit einem Lift erreicht
man das Dach des
Mailänder Doms und von
dort geht der Blick über
die Stadt, an klaren Tagen
bis zu den Alpen.*

Oben:

*Das Teatro alla Scala,
das berühmte Mailänder
Opernhaus, wurde 1775 bis
1778 im klassizistischen
Stil erbaut, jedoch mehr-
mals umgestaltet. Die
heutige Fassade stammt
aus dem Jahr 1830.*

CAFFÈ BARS ODER DIE KUNST, EINEN ESPRESSO ZU BEREITEN

Caffè Bars sind in Italien allgegenwärtig. Wie ein fein gesponnenes Netz überziehen sie das ganze Land. Die Caffè Bar ist ein Ort, an dem man sich kurz vom Stress des Alltags erholen, seine Freunde treffen und natürlich vor allem einen schnellen Caffè im Stehen, den Espresso, trinken kann.

Espresso

Kaum ist die Espressomaschine unter Druck gesetzt, ist der winzige Caffè auch schon fertig. Vor erst fünf Jahrzehnten kam Achilles Gaggia auf die Idee, eine winzige Menge Wasser mit einem Druck von 9 Bar durch sieben Gramm Kaffeepulver zu pressen. Bereits 300 Jahre zuvor kannte man den Rohstoff für dieses kulinarische Experiment in Italien, der angeblich gegen Gicht, Migräne und Wassersucht half, mit Sicherheit aber munter machte. Italien war das erste europäische Land, in dem der Kaffee auftauchte. Die Ursprünge der Kaffeetradition sind außerhalb Europas in Afrika und der arabischen Welt zu suchen. Im arabischen Mekka wurde der Mokka bereits im 15. Jahrhundert zubereitet. Espressomischungen werden kräftiger geröstet als die Bohnen für den Filterkaffee und sind damit sogar bekömmlicher, weil ein großer Teil der Reizstoffe beim intensiven Rösten verschwindet. Ein Qualitätsmerkmal für einen guten Espresso ist das feinporige Cremehäubchen, „la crema", das eine goldbraune Farbe haben und so beständig sein muss, dass der Zucker nur langsam versinkt, und es sich auch nach mehrmaligem Rühren nicht auflöst.

Die ersten Kaffeehäuser

Kurz nach dem Auftauchen des schwarzen Pulvers entstanden die ersten Kultstätten des Getränks – Oasen für Genießer. Das Caffè Florian am Markusplatz in Venedig, das heute noch existiert und ein Denkmal für Kaffeehistorie ist, gilt als eines der ersten, gegründet im Jahre 1647. Es folgten London 1657, 1672 Paris und 1679 Hamburg. Eine Urkunde aus dem Jahre 1760 beweist die damalige Existenz des berühmten Caffè Greco in Rom, in dem auch Goethe verkehrte. Ihre Hoch-Zeit hatten die Kaffeehäuser im 18. Jahrhundert und um die Jahrhundertwende, als es am Markusplatz in Venedig allein acht Caffès gab.

Auch heute noch stehen zum Beispiel das Caffè Greco in Rom und das Caffè Florian in der Tradition der großen Kaffeehäuser der Jahrhundertwende. Einen Caffè muss man allerdings nicht unbedingt in einer solchen grandiosen Umgebung einnehmen. Man kann auch in einer modernen Bar einen guten Espresso trinken. So individuell die Caffè Bars auch eingerichtet sind – von chromblitzend bis neo-antik – der Mittelpunkt einer jeden Caffè Bar ist immer die Espressomaschine und zugleich derjenige, der die Kunst beherrscht, sie zu bedienen: der Barmann.

Mit schnödem Kaffeekochen hat die virtuose Arbeit hinter dem Tresen kaum etwas zu tun. Vom Mahlen der Bohnen in der perfekten Körnung über die richtige Dosierung bis zum kontrollierten Dampfmachen müssen die Barmänner alles beherrschen. Und auf Vorrat kann man einen Espresso nicht machen. Für jedes Tässchen wird die Maschinerie neu in Gang gesetzt. Nebenbei sind die Barmänner und die eher seltenen Barfrauen natürlich auch das kommunikative Zentrum einer Caffè Bar, bei denen Sorgen, Nöte, politisches Palaver und Tratsch zusammenlaufen.

Kaffee ist nicht gleich Caffè, es gibt feine Unterschiede. Der Espresso corto ist „kurz", das heißt stark in der Konzentration. Die Steigerung dazu ist der Espresso ristretto, ein doppelt konzentriertes, kräftiges und extrem herbes Gebräu. Der Espresso lungo dagegen ist die mit etwas Wasser verlängerte Variante.

Milch wird auch nicht einfach so in dieses Nationalgetränk gegeben: Cappuccino ist ein Espresso mit aufgeschäumter Milch. Er wird in Italien nur am Morgen getrunken, niemals jedoch nach einem üppigen Essen am Mittag oder abends. Caffè con latte ist ein verlängerter Espresso mit kalter Milch, Caffè e latte entspricht einem Gemisch aus halb Kaffee, halb Milch und Caffè macchiato ist ein Espresso mit einem Schuss Milch. Laune macht natürlich ein Caffè corretto, wenn der Espresso mit einem Gläschen Grappa „verbessert" wurde.

Kaffeegenuss ist für ganz Italien eine alltägliche Lust, die mit Tradition gepflegt wird. Man sollte also nicht nur die vielen Kunst- und Kulturwerke bewundern, sondern auch die Lebenskunst bewundern und sich öfter mal Zeit für einen kurzen kleinen, schwarzen Muntermacher nehmen.

Links:
Es muss nicht immer Cappuccino sein – ein ganzes Spektrum des Kaffeegenusses erwartet den Genießer in Italien.

Oben:
Immer ein freundliche Lächeln hat die Mann schaft des Gran Caff Gambrinus in Neapel fü den Fotografen übrig

Rechts:
Nicht nur Kaffeespeziali täten werden im stilvolle Gran Caffè Gambrinus i Neapel serviert

Rechts:
Im Gran Caffè Gambrinus in Neapel trinkt man den Caffè wie fast in allen Caffè Bars im Stehen.

Links:

Die zentral gelegene Piazza Vecchia in Bergamo Alta säumt hier der Palazzo della Ragione aus dem 12. Jahrhundert. Bergamo in der Lombardei besteht eigentlich aus zwei Orten: dem neuzeitlichen „Bergamo Bassa" und der Altstadt „Bergamo Alta" auf einem Felsplateau.

Links:

Pavia, hier die Piazza Vittoria, besticht durch seine städtebauliche Kulisse – aus dem Mittelalter bis zum Barock. Die Stadt war vom 6. bis zum 8. Jahrhundert Hauptstadt der Lombardei und ist heute für ihre Universität berühmt.

Oben Mitte:

Arkaden säumen die Piazza Sordello in Mantua. Das Adelsgeschlecht der Gonzaga bestimmte von 1328 bis 1707 die Geschichte der Stadt und prägte durch ihre Bauten das Bild Mantuas.

Oben:

Der Palazzo Ducale in Mantua war Familiensitz der Gonzagas. Ausgehend von der sogenannten Corte Vecchia entstand im Laufe der Jahrhunderte eine der größten fürstlichen Residenzen Europas mit 500 Räumen.

Rechts:
Schon zu römischen Zeiten das Forum, bildet die Piazza delle Erbe noch heute das Zentrum der Altstadt Veronas. Den langgestreckten Platz säumen verschiedene Palazzi und der Arco della Costa, durch den man auf die Piazza dei Signori gelangt.

Unten:
Die Skaliger-Brücke führt über die Etsch zu dem unter anderem als Flucht-burg geplanten Castel-vecchio der Familie della Scala, die einst über Verona herrschte. Der Bau der ursprünglichen Brücke wurde 1355 begonnen, die heutige Brücke ist eine Rekonstruktion nach der Zerstörung von 1945.

Oben:
Verona, die Stadt Romeos und Julias, liegt an einer doppelten Schleife der Etsch, die hier in die oberitalienische Tiefebene eintritt. Berühmt für die Opernaufführungen in der römischen Arena, lockt die Stadt mit zahlreichen Kunstschätzen und einer äußerst sehenswerten Altstadt.

Links:
Die Arena von Verona ist nicht nur das drittgrößte Amphitheater der Welt, sie ist vor allem wegen ihrer Aida-Aufführungen berühmt. Die Oper von Verdi wurde 1913 zum ersten Mal in Verona zum 100. Geburtstag des Komponisten aufgeführt.

Eine der berühmtesten
Brücken Venedigs: die
Ponte dei Sospiri, die
Seufzerbrücke. Über diese
Brücke wurden die Gefan-
genen vom Dogenpalast
in die berüchtigten
Bleikammern geführt. Im
Vordergrund ein Detail des
Dogenpalastes: ein Kapitell
von Filippo Calendario –
der trunkene Noah.

Unten:
Der „Volto" ist die
traditionelle weiße
Maske des venezia-
nischen Karnevals.

Oben:
Im Caffè Florian treffen
sich die „Masken"
während des Karnevals.
Hier saßen schon Goethe
und Casanova und
schauten dem Treiben auf
dem Markusplatz zu.

Unten:
Blick von der Ponte dell'Accademia über den Canal Grande in Richtung der Kirche Santa Maria della Salute. Die ungewöhnliche, 3,8 Kilometer lange Hauptstraße Venedigs wird von rund 350 historischen Bauten aus Gotik, Renaissance und Barock gesäumt.

Rechts:
San Giorgio Maggiore auf der gleichnamigen Insel im Süden Venedigs wurde nach einem Entwurf von Andrea Palladio 1566 bis 1580 erbaut. Die Fassade wurde erst 1597 bis 1610 hinzugefügt.

Links:
Attraktion und Ärgernis: die Tauben auf dem Markusplatz. Da sie mit ihren Hinterlassenschaften den historischen Gebäuden schaden, ist das Füttern offiziell verboten.

Unten:
Das Dach der Basilica di San Marco überspannt den Innenraum, in dem Mosaike 4000 Quadratmeter bedecken. Wegen der Pracht der Mosaike erhielt die Markuskirche auch den Namen Basilica d'Oro (goldene Kirche).

Oben:
Ponte di Rialto: 1588 bis 1591 errichtete Antonio da Ponte die Steinbrücke, auf der es bereits damals Ladengeschäfte gab, die die Baukosten erwirtschaften sollten. Bis ins 19. Jahrhundert war die Rialtobrücke die einzige Verbindung über den Canal Grande.

Oben:
Genua, Italiens
bedeutendste Hafenstadt,
besticht durch ihre
einmalige Lage zwischen
Meer und Ligurischem
Apennin. In der großen
Altstadt locken zahlreiche
Sehenswürdigkeiten.

Rechts:
Die Piazza De Ferrari bildet
Genuas Zentrum zwischen
Altstadt und moderner
Stadt. Der Platz mit dem
monumentalen Brunnen
wird gesäumt von
historischen Palazzi und
überragt vom post-
modernen Bühnenturm
des Teatro Carlo Felice.

Links:
An die Zeit des berühmtesten Sohn Genuas, Christoph Columbus, erinnert im Porto Vecchio der Nachbau einer spanischen Galeone. Die „Neptun" wurde aber tatsächlich für Roman Polanskis Film „Piraten" erbaut.

Seite 58/59:
Vernazza ist das größte der fünf Dörfer des Cinque Terre in Ligurien. Von den steilen Hängen, die weit hinauf bebaut sind, hat man einen herrlichen Blick auf den Hafen und über das Meer.

Unten:
Östlich von Genua an der Riviera di Levante liegt Portofino, früher ein kleines Fischernest. Heute liegen Jachten im Hafen. Die schmale Bucht ist auf drei Seiten von Klippen umgeben.

Rechts:
Warmes Abendlicht auf den Fassaden von Portofino, dessen Reiz unter anderem in seiner angenehmen Überschaubarkeit liegt.

Rechts oben:
Eingeklemmt zwischen Meer und Bergen liegt Vernazza an der ligurischen Küste. Der zwölf Kilometer lange Küstenstreifen Cinque Terre ist ein Höhepunkt der italienischen Riviera.

Rechts Mitte:
Die Häuser des Örtchens Manarola, eines der fünf Dörfer des Cinque Terre an der ligurischen Küste, klammern sich oberhalb der steilen Felsküste fest.

Rechts unten:
In dem Seebad Rapallo an der Riviera di Levante findet man neben einem weiten Strand ein Castello, dessen heutige Gestalt aus dem 16. Jahrhundert stammt und an die Kämpfe zwischen den beiden Hafenstädten Genua und Pisa erinnert.

Die Mitte Italiens – von der Toskana bis Rom

Ein Vorläufer der Ponte Vecchio in Florenz soll schon zu etruskischer Zeit existiert haben. Die jetzige Brücke wurde 1345 von Agnolo Gaddi gebaut. Seit dem 13. Jahrhundert sind Verkaufsläden auf der Brücke überliefert, zunächst Metzger und Gerber, die aber nach einem Erlass von Großherzog Ferdinand I. 1593 ihre Läden zugunsten weniger geruchsintensiver Gewerbe verlassen mussten. Über den Läden der Ostseite wurde von Vasari, der auch die Uffizien plante, ein Gang angebaut, der es den Herzögen ermöglichte, trockenen Hauptes von den Uffizien zum Palazzo Pitti zu gelangen.

Mittelitalien ist für viele erst das typische Italien. Dort findet man zypressengekrönte Hügel, den bekanntesten Wein Italiens – den Chianti – und Kunst der Renaissance und Antike im Überfluss. In Mittelitalien machen Florenz als Stadt der Renaissance und Rom als Stadt der Geschichte Venedig im Norden Konkurrenz. Auch die kulinarischen Verlockungen sollen nicht verschwiegen werden: So stammen aus der Emilia Romagna zum Beispiel der Parmaschinken und der Parmesankäse.

Die Toskana wurde nicht nur durch ihre Kunstwerke berühmt, sondern gilt auch als Geburtsstätte der italienischen Literatur, mit der sich die Namen Dante, Boccaccio und Petrarca verbinden, sowie als Ursprungsregion der italienischen Einheitssprache. Florenz ist Hauptstadt der gleichnamigen Provinz und der Region Toskana und gleichzeitig Hauptstadt der Renaissance.

Nach der anstrengenden Besichtigungstour in Florenz kann man sich dann in der toskanischen Landschaft erholen, die mindestens ebenso schön ist wie die Stadt selbst. Doch Umbrien hat als grünes Herz fast genau in der Mitte Italiens ebenso eine großartige Landschaft zu bieten. In der einzigen Region ohne Zugang zur Küste gibt es sanfte Flusstäler, wellige Hügellandschaften und die beeindruckende Gebirgskulisse der Monte Sibillini. In der Nachbarregion der Marken ist an kilometerlangen Sandstränden der Adria wieder Strandleben angesagt. Die Regionen Abruzzen – das Dach Italiens – und Molise auf dem höchsten und wildesten Teil des Apennin laden zum Wandern ein. Unberührte Natur ist im Parco Nazionale d'Abruzzo erhalten. Die beherrschende Stadt Latiums ist Rom als politisches und administratives Zentrum der Region, Stadt der Antike und Geschichte und natürlich auch Mittelpunkt der christlichen Welt dank Vatikan und Papst.

Blick über das Häusermeer von Bologna vom Torre degli Asinelli, einem über 90 Meter hohen Geschlechterturm. Die Hauptstadt der Emilia-Romagna lockt mit einem herrlichen mittelalterlichen Stadtbild, Bogengängen, schönen Plätzen sowie engen Gassen, Kirchen und Palästen.

Unten:

Das Zentrum Bolognas findet man auf der Piazza Maggiore mit dem Palazzo Communale. Das Rathaus besteht aus mehreren Gebäudeteilen, die vom 13. bis zum 15. Jahrhundert errichtet wurden.

Ravenna, die Hauptstadt des Weströmischen Reiches, ist vor allem wegen ihrer frühchrist-

lichen Kirchen sehenswert. Ihr schlichtes Äußeres wird überstrahlt vom Glanz der Mosaike im Inneren. Das

Mausoleo di Galla Placidia ist das Grabmal der um 390 als Tochter des Kaisers Theodosius I. geborenen

Galla Placidia. Um 440 n. Chr. erbaut, enthält es die ältesten Mosaiken Ravennas.

Unten:
Auch in San Vitale in
Raverna sind die Mosaike
der Hauptschmuck der
achteckigen Kirche aus

dem 6. Jahrhundert. Als
erster Zentralkuppelbau
war San Vitale Vorbild für
die Palastkapelle Karls
des Großen in Aachen.

Dieses Mosaik zeigt die
Anbetung der Heiligen
Drei Könige in der Kirche
Sant'Apollinare Nuovo
in Ravenna.

Oben:
Das Grabmal des
Theoderich wurde um
520 wahrscheinlich von
syrischen Künstlern im

Auftrag des Ostgoten-
königs errichtet. Die
Kuppel mit ca. 11 Metern
Durchmesser ist aus einem
Block geschlagen. Der

Leichnam Theoderichs
wurde bereits bald nach
der Grablegung aus dem
Porphyr-Sarkophag im
Obergeschoss entfernt.

Oben:
Hier reift der berühmte toskanische Wein: Besitzer Roberto Guldener im Barrique-Keller seines Weingutes Terrabianca bei Radda in Chianti.

Rechts:
Hier gibt es nicht nur Parmesan und Pecorino – auf italienischen Märkten oder aber auch in kleinen Lebensmittelgeschäften kommen Feinschmecker auf ihre Kosten.

Links:
Die Qual der Wahl: Nicht nur mit grandiosen Kunst- und Kulturwerken sowie herrlichen Landschaften erfreut Italien das Herz des Reisenden, nahezu jede Region von Südtirol bis Sizilien hat ihre eigenen Weinspeziali- täten, insbesondere natürlich die Toskana.

Unten:
Nicht nur Pizza und Pasta hat Italiens Küche zu bieten. Neben dem Besuch der Trattorien und Risto- rante gehört es zu den besonderen Vergnügungen eines Italienbesuches, in einem gut sortierten Fein- kostgeschäft einzukaufen, wie hier in Bologna.

Ankunftsort für die Fähren zu der Insel Elba: Porto-ferraio. Die Hauptstadt der toskanischen Insel wurde von den Griechen gegründet und von den Römern sowie Etruskern als Hafen für die Verschif-fung von Eisenerz genutzt, was auch der Name „Eisenhafen" bezeugt.

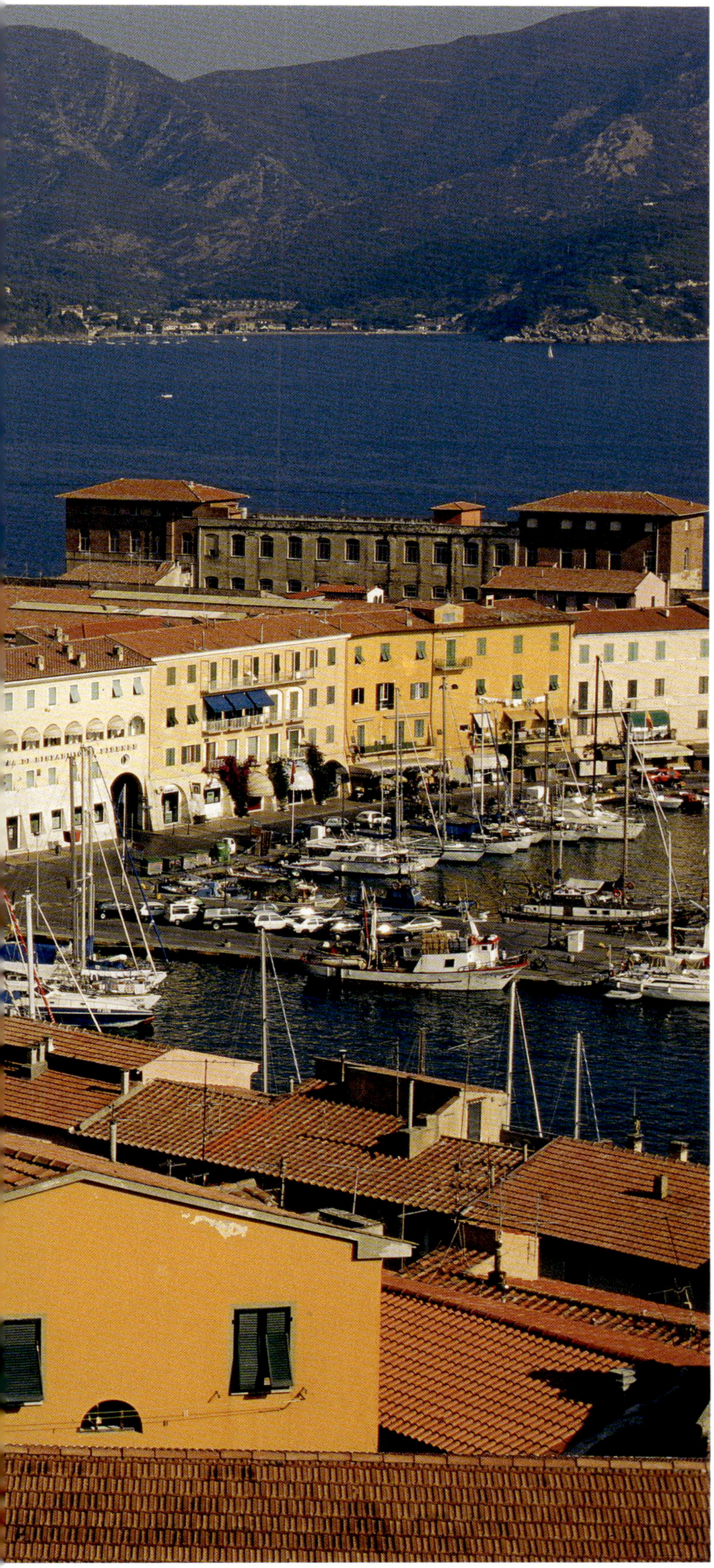

Unten:
Fähren halten die Verbindung von Piombino auf dem Festland nach Elba.

Unten Mitte:
Auf Elba lassen sich erholsame Strandferien verbringen, wie hier bei Procchio.

Ganz unten:
Nur knapp dreihundert Tage war Napoleon während seiner Verbannung auf der Insel Elba, doch wird vielerorts an den berühmten Korsen erinnert: hier seine Villa San Martino im Landesinneren.

Seite 72/73:
Das Panorama von Florenz mit Arno, Türmen und Kuppeln von der Piazzale Michelangelo aus gesehen. Florenz, die Hauptstadt der Region Toskana und Geburtsstätte der Renaissance, ist heute nicht nur Museumsstadt, sondern auch Mode- und Messestadt.

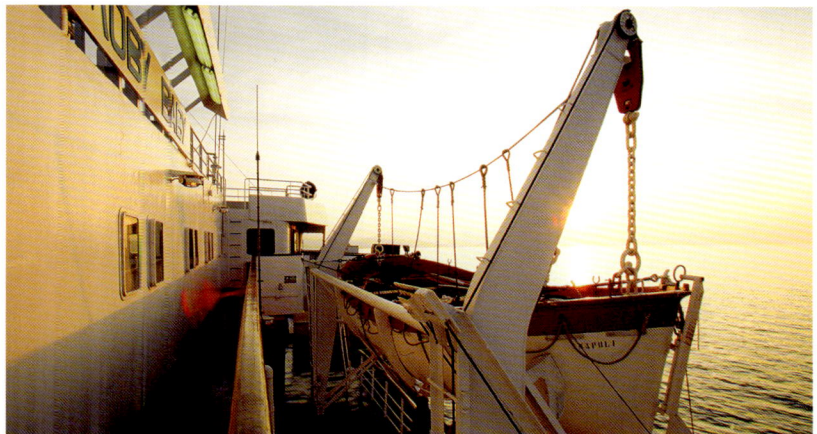

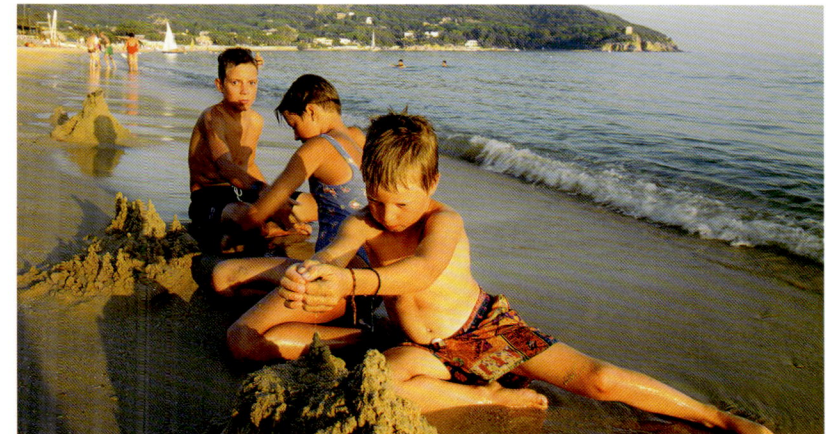

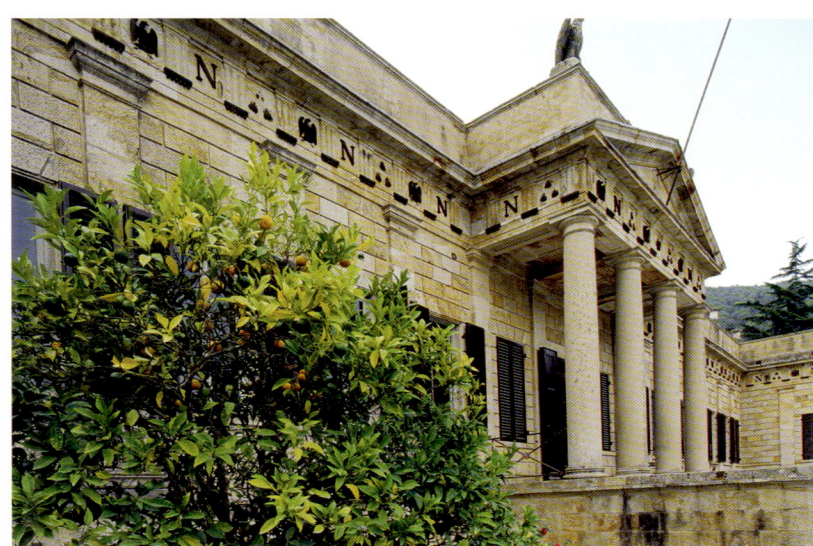

Links:
Die Fassade des Doms S. Maria del Fiore von Florenz ist nicht die Originalfassade. Die heutige Außenwand wurde 1871-87 nach einem Entwurf von Emilio de Fabris mit

Mosaiken und Figurenprogramm errichtet. Das viertgrößte christliche Gotteshaus hatte seinen Baubeginn bereits 1296, die Kuppel von Filippo Brunelleschi kam erst 1420-34 dazu.

Unten:
Der Palazzo Vecchio und die Loggia dei Lanzi an der Piazza della Signoria in Florenz. Vor dem Palazzo steht neben anderen bedeutenden Skulpturen der berühmte David des Michelangelo. Die Loggia war ursprünglich für öffentliche Zeremonien im 14. Jahrhundert erbaut worden.

Rechts oben:
Eine der bedeutendsten Gemäldesammlungen der Welt beherbergen die Uffizien, die einst als Büros, „Uffizi", neben dem Palazzo Vecchio unter anderem von Giorgio Vasari geplant worden waren. U-förmig erstrecken sich die Gebäude um den Piazzale degli Uffizi bis zum Arno.

Rechts Mitte:
Das von Michelangelo als „Paradiestür" bezeichnete Bronzetor im Osten des Baptisterio di S. Giovanni, der achteckigen Taufkirche im Schatten des Doms. Dieses Osttor ist das reifste Werk von Lorenzo Ghiberti; es zeigt zehn Felder mit Szenen des alten Testaments.

Rechts unten:
Die Piazza della Signoria ist nicht nur das Zentrum von Florenz, sondern auch ein Freiluftmuseum, auf dem viele berühmte Skulpturen zu besichtigen sind. Unter anderem das Reiterdenkmal Cosimos I. de Medici, der Neptunbrunnen von Bartolomeo Ammanati, „Herkules und Cacus" von Baccio Bandinelli von 1533 und natürlich der berühmte „David" des Michelangelo.

DAS UNIVERSALGENIE DER RENAISSANCE – LEONARDO DA VINCI

Als berühmtestes Beispiel des „Uomo universale", des Universalgelehrten der Renaissance, gilt der am 15. April 1452 in Vinci bei Empoli nahe Florenz geborene Leonardo da Vinci. Leonardo folgte als unehelicher Sohn des Notars Piero da Vinci und einer Bäuerin seinem Vater nach Florenz. Dort trat er ungefähr 1467 in die Werkstatt Andrea del Verrocchios ein, der auch die Familie der Medici belieferte, und wurde als Maler und Bildhauer ausgebildet. 1472 wurde er in die Florentiner Malerzunft aufgenommen und um 1473 entstanden die ersten eigenständigen Arbeiten Leonardos.

Die Erfindung des „Sfumato"

Eines der großen Verdienste Leonardos in der Malerei ist die Erfindung des sogenannten „Sfumato". Für Leonardo war die Natur die Lehrmeisterin der Malerei, er war vom Schönen ebenso fasziniert wie vom Hässlichen, was in zahlreichen Zeichnungen von körperlichen Abnormitäten dokumentiert ist. Er stellte bei genauer Naturbeobachtung fest, dass allein die mathematische Berechnung der Perspektive und die Verkleinerung der Figuren je nach Entfernung vom Betrachter nicht ausreichen, um ein nahes Abbild der Natur zu erschaffen. Er bemerkte, dass in der Entfernung die Konturen sich auflösen und die Farben sich verändern. Kalte Farben vermitteln mehr Ferne als warme. Er berücksichtigte also sowohl die Luft- wie auch die Farbperspektive, die die Bedeutung der Farben für die Tiefenwirkung unterscheidet. Dadurch wirken Leonardos Figuren in den Hintergrund eingewoben und nicht wie hineingestellte Einzelelemente. Ein Beispiel für diese Behandlung des Hintergrundes ist die weltberühmte Mona Lisa, ein Porträt der Gattin von Francesco di Bartolomeo di Zanobi del Giocondo, das zwischen 1503 und 1506 in Florenz entstand.

Gelehrter der Naturwissenschaften

Die Malerei, für Leonardo nicht mehr bloßes Handwerk, sondern auch Wissenschaft, war aber nicht die einzige Leidenschaft, die das Universalgenie beschäftigte. Als er 1482 als Kulturbotschafter der Signoria von Florenz nach Mailand zu dem Herzog Ludovico Sforza reiste – wegen seiner dunklen Hautfarbe auch Ludovico il Moro genannt – zählte ein Empfehlungsschreiben die Fähigkeiten Leonardos auf: Ingenieur von Kriegsmaschinen, Hersteller technischer Geräte und Konstrukteur von Brücken. Erst als letzter Punkt werden seine künstlerischen Fähigkeiten erwähnt. Leonardo blieb in Mailand und widmete sich in diesen Jahren neben der Malerei, Skulptur und Architektur den Naturwissenschaften und der Kunsttheorie. In seinen Studien über das Fliegen scheiterte er zwar an einem geeigneten Antriebssystem, mit seinem Wissen über die Bedeutung des Luftwiderstands für die Bewegung der Körper gelang es ihm aber doch, Vorläufer des Gleitflugzeugs, des Fallschirms und des Helikopters zu entwerfen. Auch im Bereich der Anatomie beschränkte sich Leonardo nicht auf Studien antiker Statuen oder Lehrbücher. Leonardo sezierte Menschen- und Tierleichen, um durch die Kenntnis ihres Funktionierens die Körper um so perfekter darstellen zu können.

Nach dem Sturz des Herzogs von Mailand 1499 kehrte Leonardo über Mantua und Venedig nach Florenz zurück und begann seine Naturstudien auf die Pflanzenkunde und die Strömungen des Wassers auszudehnen. Als er 1502 für zehn Monate in den Dienst des Fürsten Cesare Borgia trat – möglicherweise als Geheimagent der Florentiner Republik an der Seite von Machiavelli –, erstellte er für diesen Landkarten und verbesserte Befestigungsanlagen. 1503 erhielt er, zurück in Florenz, den Auftrag für das Wandgemälde im Palazzo Vecchio, die „Schlacht von Anghiari", das er aber 1506 unvollendet wieder aufgab. Bei einem erneuten Aufenthalt in Mailand, von 1506 bis 1513 am

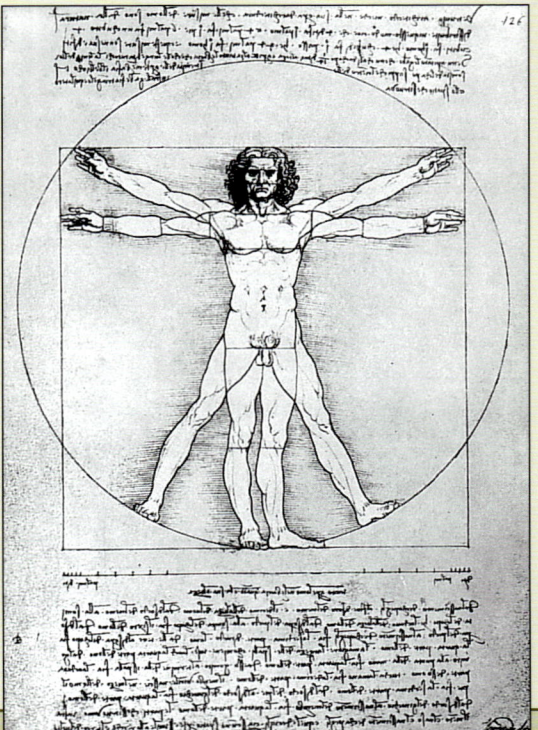

Hof des französischen Statthalters, organisierte er als Hofkünstler Festspiele, war Militäringenieur und allgemeiner Berater. Als sich Ludwig XII. aus Italien zurückzog, verbrachte Leonardo drei Jahre in Rom, wo ihn Giuliano di Medici, der Bruder des Papstes Leo X., förderte. Hier malte er sein letztes Gemälde, „Johannes der Täufer". 1517 folgte er dem Ruf von Franz I. nach Frankreich, wo er in Cloux am 2. Mai 1519 starb.

In seinem letzten Lebensabschnitt traten die künstlerischen Interessen gegenüber den naturwissenschaftlichen Studien immer mehr zurück. Als Maler, Bildhauer, Architekt, Naturforscher, Erfinder und Philosoph verwirklichte Leonardo das Renaissance-Ideal eines „Doctus artifex", eines gelehrten Künstlers und Universalgenies.

Rechts oben:
Das Bildnis eines Musikers (links) im Dreiviertelporträt ist anscheinend das einzige Männerporträt Leonardos und entstand 1490. Dargestellt ist möglicherweise Franchino Gaffurio, der Kapellmeister des Mailänder Doms. Das Damenbildnis (rechts) stellt vielleicht Beatrice d'Este, die Frau des Herzogs von Mailand dar. Es ist um 1490 noch im alten Stil der Seitenansicht mit dunklem Hintergrund gehalten, weshalb das Bild auch nicht ganz sicher Leonardo zugeschrieben werden kann, der die gemalten Personen meist in eine Landschaft einbindet und bevorzugt von vorne porträtiert.

Rechts:
Die Galleria di Leonardo im Museo Nazionale della Scienza e della Tecnica, dem wissenschaftlich-technischen Museum in Mailand, zeigt viele Originale und Rekonstruktionen von Leonardo da Vincis Erfindungen.

Der Schiefe Turm von Pisa auf dem Campo dei Miracoli ist weltberühmt. Schon in der ersten Bauphase neigte sich der 1173 begonnene und 100 Jahre später vollendete Turm auf dem weichen Grund. Hinter dem Turm i der romanische Dom (1063-1118) zu sehen, de wie alle Bauwerke der Campo dei Miracoli mit weißem Carrara-Marmor verkleidet ist.

Das Zentrum San Gimignanos, die dreieckige Piazza della Cisterna, ist umgeben von Geschlechtertürmen und Bürgerhäusern aus dem 13. und 14. Jahrhundert. Der große Brunnen aus dem Jahre 1273 gab dem Platz den Namen.

Links:
Hügelige Landschaft in der Toskana, die für viele mehr als andere Regionen „die" italienische Landschaft verkörpert.

Unten:
Sanft geschwungene toskanische Landschaft mit einem zypressenge- säumten Weg bei La Foce.

Ganz unten:
Collodi ist ein toskanisches Bergdorf zwischen Lucca und Pistoia. Bekannt wurde der Ort durch Pinocchio, die Figur aus Italiens berühmtestem

Kinderbuch. Der Autor Carlo Lorenzini wählte den Ortsnamen als Pseudonym für die Geschichte einer Puppe aus Holz, die ein richtiger Junge werden will.

Unten:
Die Piazza del Campo liegt im Schnittpunkt der drei schmalen, in Y-Form zusammenhängenden Hügel von Siena. Am tiefsten Punkt des muschelförmigen Platzes, der von Straßencafés umgeben ist, liegt der Palazzo Pubblico aus dem 13./14. Jahrhundert mit seiner zinnenbewehrten Fassade.

Rechts oben:
Himmlisches Gewölbe: Das Innere der Kuppel von Sienas Dom ist verschwenderisch mit Goldsternen auf blauem Grund und Engeln geschmückt. Auf dem höchstgelegenen Punkt von Siena begann man Mitte des 12. Jahrhunderts mit dem Bau des Domes Santa Maria Assunta, der 1264 mit der Vierungskuppel zunächst beendet wurde.

Rechts Mitte
Ein Meisterwerk de italienischen Gotik ist di Fassade des Domes Siena von Giovann Pisano, beeindrucken der Glockenturm mit sein schwarz-weißen Inkrus tierung aus der zweite Hälfte des 13. Jahrhun

...derts. Die riesige Erweiterung des Gotteshauses im 14. Jahrhundert wurde wieder aufgegeben, nur die Außenmauern und ein Teil des Seitenschiffes im rechten Winkel zum bestehenden Dom wurden realisiert.

Rechts unten:
Hohe Rundbogen gliedern das Innere des gewaltigen Domes von Siena. Es birgt bedeutende Kunstschätze – unter anderem die Kanzel von Nicola Pisano. Auf Säulen aus Granit, Porphyr und grünem Marmor, ruht die achteckige Kanzel, die von Reliefs mit Darstellungen aus dem Leben Christi umgeben ist.

Links:

Alljährlich am 2. Juli und am 16. August verwandelt sich die Piazza del Campo in eine Pferderennbahn, auf der zehn Reiter auf ausgelosten Pferden für zehn Contraden um den Sieg streiten. An dem Palio, der bereits seit 1147 stattfindet, nehmen die Contraden von 7 Stadt-teilen und Kleingemein-den teil, die beim letzten Palio ausgesetzt haben, sowie drei ausgeloste. Das Rennen führt um das Innenrund des Campo mit einer Länge von insgesamt 1050 Metern.

Unten und ganz unten:

Nach dem Umzug in historischen Trachten findet das eigentliche Rennen statt, bei dem jedes Mittel, selbst die Verletzung des Gegners, erlaubt ist. Der Sieg wird mit Triumphzügen der siegreichen Contrada durch die geschlagenen Stadtviertel tagelang gefeiert.

Rechts:
Auf einer steilen Anhöhe, zu der sich die Straße in engen Kehren hinaufwindet, liegt Volterra zwischen dem Flusstal der Cecina und dem der Era. Einst die nördlichste Stadt des Zwölf-Städtebundes der Etrusker ist sie nicht nur für ihre mittelalterliche Atmosphäre und antiken Schätze bekannt, sondern auch für die Kunst der Alabasterverarbeitung.

Unten:
Auf einem Tuffsteinplateau über der Lente-Schlucht liegt das mittelalterliche Städtchen Sorano. Im Jahre 1293 wechselte die Herrschaft über die Stadt von dem Adelsgeschlecht der Aldobrandeschi an das der Orsini über, deren Burg die Stadt krönt. In den Felswänden unterhalb der Stadt befinden sich in dunklen Höhlen etruskisch-römische Grabstätten.

Oben:
Das toskanische Berg-
städtchen Montalcino ist
für seinen Wein, den
Brunello di Montalcino,
berühmt. Als Siedlungsort
war es schon zu etrus-
kischen Zeiten bekannt,
im Mittelalter war es von
Siena und Florenz um-
kämpft, bis es sich 1260
den Sienesen unterwarf,
die im 14. Jahrhundert die
Burg erbauten.

Links:
Zu Füßen von Monte-
pulciano befindet sich eine
der beeindruckendsten
Kirchen der Hochrenais-
sance. Nach Plänen von
Antonio di Sangallo wurde
die Marienwallfahrtskirche
Madonna di San Biagio
von 1518 bis 1545 erbaut.

Assisi – Geburtsort des Heiligen Franziskus – am Hang des Monte Subasio ist nach Rom der bedeutendste religiöse Ort *Italiens. Die umbrische Stadt lockt aber auch mit einem schönen mittelalterlichen Kern und der Burg Rocca Maggiore.*

Unten:

Die Fassade des Domes in der Etruskerstadt Orvieto entwarf Lorenzo Maitani, ein Baumeister aus Siena. Herrliche Reliefs, die Figuren der zwölf Apostel und der 12 Propheten des Alten Testaments um die Fensterrose, die nochmals mit 52 Marmorköpfen gerahmt wird, und gold-glänzende Mosaike aus dem 14. Jahrhundert unterstreichen die Bedeutung dieser Kirche. Sie wurde 1290 gebaut, um die Reliquie des Wunders von Bolsena aufzunehmen.

Ganz unten:

Die Basilica di San Francesco in Assisi, eine Doppelkirche mit Unter- und Oberkirche (Chiesa Inferiore und Chiesa Superiore), ist in ihrem Innern mit Fresken ge-schmückt. In der Chiesa Superiore malte Giotto das Leben des Heiligen Franziskus und überwand dabei als Erster die byzantinische Starrheit der Darstellung.

Seite 90/91:

Blick von der Kuppel des Petersdoms in Rom auf den Petersplatz. Unter Alexander VII. von Bernini geschaffen, umarmen die Kolonnaden mit 140 verschiedenen Heiligenfiguren den elliptischen Platz, dessen Mitte seit 1586 der Obelisk bezeichnet.

DER VATIKAN –
ZWERGSTAAT DER SUPERLATIVE

Drei Vorstellungen verbindet man mit dem Namen Vatikan: Einmal steht der Vatikan für den kleinsten Staat der Welt, zum Zweiten für den Heiligen Stuhl – die Zentralregierung des Papstes über das katholische Christentum – und nicht zuletzt für eine Fülle von Kunstschätzen, die die Päpste im Laufe von fünf Jahrhunderten angehäuft haben. Die Geschichte des Vatikans beginnt aber bereits vor dem Papsttum: Der Begriff Vatikan stammt von der ursprünglich topografischen Bezeichnung der Etrusker „mons vaticanus" für die Erhebung am westlichen Ufer des Tibers. Im 1. Jahrhundert vor Christus ließ Agrippina, die Mutter des späteren Kaisers Caligula, das sumpfige Vatikantal trocken- und Gärten anlegen. Zu Zeiten der Kaiser Caligula und Nero befand sich auf dem heutigen Petersplatz der Zirkus, in dem neben Wagenrennen unter anderem die Hinrichtung des Apostels Petrus (im Jahre 64 oder 67) stattfand. Seit dem frühen Mittelalter entwickelte sich aufgrund von Schenkungen der weltlichen Herrscher und des Adels der Kirchenstaat. Dessen Machtzentrum verlagerte sich nach 1376, dem Ende des Papstexils in Avignon, vom Lateranspalast in den von der Engelsburg geschützten Vatikan. 1870 wurde der Vatikan in das neue Königreich Italien eingegliedert und verlor jede territoriale Macht. Der Vatikanstaat in seiner heutigen Form wurde erst 1929 in den Lateranverträgen festgelegt. Diese Gründungsakte des Vatikanstaates, unterzeichnet von Mussolini, der sich dadurch wohl eine breitere Anerkennung des Volkes erhoffte, garantiert die Selbstständigkeit des Vatikanstaates innerhalb seiner Grenzen.

Der Vatikanstaat

Die Grenzen sind geografisch wirklich eng gesteckt: nur 44 Hektar, die von mittelalterlichen Mauern umschlossen werden. Trotzdem findet man im Vatikan fast alles, was einen Staat ausmacht: eine eigene Hymne, eigene Wappen, Fahnen, Briefmarken und wenn auch keine eigenen Banknoten, so doch vatikanische Euromünzen mit Papstporträt und Wappen. Der Stato della Città Vaticano (Staat der Vatikanstadt) hat sogar ein spezielles Autokennzeichen (SCV) und relativ gesehen die größte Streitmacht der Welt – jeder zehnte Einwohner des Vatikans ist Soldat der Schweizergarde. Eine Institution allerdings fehlt ihm: das Finanzamt – die rund 500 Besitzer eines vatikanischen Passes müssen keine Steuern zahlen.

Die geografische Größe des Vatikans ist nicht zu vergleichen mit seiner Rolle als religiöses Zentrum und seinem politischen Einfluss in der Welt. Der Vatikan unterhält Beziehungen zu über 115 anderen Ländern. Der Papst, einziger gewählter absoluter Monarch der Welt, ist Oberhaupt über 800 Millionen katholische Christen und Träger der gesamtkirchlichen Vollmacht. Der Wahlvorgang zu diesem hohen Amt des Papstes ist einzigartig: Sobald die Totenglocke den Tod eines Papstes verkündet, kommen 120 vorher ernannte Bischöfe und Erzbischöfe aus aller Welt zur Konklave in der Sixtinischen Kapelle zusammen. Diese dürfen sie erst dann wieder verlassen, wenn der Nachfolger bestimmt ist. Dazu werden täglich vier Wahlgänge durchgeführt, so lange, bis ein Kandidat mit Zweidrittel-Mehrheit plus einer Stimme gewählt ist.

Die Kunstschätze

Die Macht der katholischen Kirche wird eindrucksvoll demonstriert durch den Petersdom im architektonischen Zusammenspiel mit dem Petersplatz, der mit seinen Kolonnaden die Gläubigen aus aller Welt empfängt. Die berühmtesten Architekten der Renaissance und des Barock – Bramante, Raffael, Baldassare Peruzzi, Michelangelo, Giacomo della Porta und Bernini – bauten im Auftrag des Papstes Julius II. an diesem Monumentalwerk.

Ganz links:
Die Schweizer Garde trägt eine Paradeuniform des 16. Jahrhunderts und ist für den Schutz des Papstes und seines Palastes zuständig.

Links:
Die Bronzestatue des Petrus im Petersdom stammt vermutlich aus dem 13. Jahrhundert. In der linken Hand hält er die Schlüssel „seiner Kirche".

Doch nicht nur in der Architektur, sondern auch in der Malerei und bei den Skulpturen bietet der Vatikan Superlative. So viele Meisterwerke aus so vielen Epochen auf so engem Raum (eine Ausstellungsfläche von 42 000 m²) gibt es nur in den Vatikanischen Museen. Wer alle ägyptischen, etruskischen, griechischen, römischen Werke, Exponate der Renaissance oder auch moderne religiöse Kunst besichtigen will, muss ungefähr sieben Kilometer zurücklegen. Höhepunkt eines Museumsrundganges ist die Sixtinische Kapelle. Seit der Restaurierung 1994 erstrahlen die berühmten Fresken von Botticelli, Pinturricchio, Ghirlandaio und natürlich Michelangelo in neuer Farbigkeit. Über den Kunstwerken, die die Päpste seit dem Jahre 1503, als Julius der II. die Apollostatue aufstellen ließ, gesammelt haben, sollte man nicht vergessen, dass der Vatikan auch eine einzigartige Bibliothek mit allein über 65 000 Handschriften besitzt, die Mitte des 16. Jahrhunderts angelegt wurde.

Der kleinste Staat der Welt hat also in vielerlei Hinsicht mehr zu bieten als manches größere Land.

ben:
eilige Messe auf dem etersplatz mit dem Ritus Resurrexit": Papst enedikt XVI. spendet den egen „Urbi et Orbi".

Rechts, oben und unten: Höhepunkt einer Besichtigung der Vatikanischen Museen ist die Sixtinische Kapelle. An der Decke stellte Michelangelo die Schöpfungsgeschichte dar. Hier ein Detail: die Erschaffung des Adam (oben).

Von 1508 bis 1512 arbeitete Michelangelo an der atemberaubenden Gesamtkomposition der Decke, die besonders durch das Zusammenspiel von Malerei und Architektur beeindruckt. Die Seitenwände wurden von Botticelli, Pinturicchio und Ghirlandaio gestaltet.

Links:

Die Piazza di Spagna bekam ihren Namen von dem Palazzo di Spagna, der ehemaligen Residenz des spanischen Botschafters. Den in Bootsform gestalteten Brunnen, die Fontana dell Barcaccia, schuf Bernini. Auf diesem Platz endet die Scalinata Trinità dei Monti, die Spanische Treppe, aus dem Jahre 1723, die ein beliebter Treffpunkt am Abend ist

Unten:

Abendszenen auf der Piazza della Rotonda, deren berühmtestes Bauwerk das Pantheon ist. Die perfekten Proportionen des antiken Tempels beeindrucken auch nach 2000 Jahren. Die Vorhalle ruht auf 16 korinthischen Säulen.

Ganz unten:

Genießen in der ewigen Stadt: Straßenrestaurant in der Via Maddalena im historischen Stadtzentrum nahe dem antiken Pantheon.

Unten:
Grandioses Schauspiel: Petersdom, Ponte Vittorio Emanuele II. und Tiber im Lichterglanz. Der nächtliche Himmel über Rom taucht die von der Engelsbrücke gesehene Szene in fantastische Farben.

Rechts:
Die Engelsburg, ursprünglich das Mausoleum Kaiser Hadrians, diente vom 10. Jahrhundert an den Päpsten als Fluchtburg.

Ganz rechts:
Die Fontana di Trevi ist eine gewaltige Wasserbühne mit Meeresgott. Die Päpste des Barock wollten mit dem Bau von 1750 ihre Macht demonstrieren.

Unten:

Das Forum Romanum war einst Zentrum des römischen Weltreiches. Als im 19. Jahrhundert die Ausgrabungen begannen, lagen die antiken Überreste unter einer acht Meter hohen Erd- und Trümmerschicht begraben.

Unten Mitte:

Das Kolosseum wurde unter Vespasian und seinem Sohn Titus in den Jahren 70 bis 80 n. Chr. als Arena für grausame Spiele erbaut, bei denen etwa 70 000 Zuschauer unter schattigen Segeltüchern den Tod von Menschen und Tieren mitverfolgen konnten. Die Gliederung des Außenbaus mit dorischen, ionischen und korinthischen Halbsäulen wurde zum Vorbild architektonischer Ordnungsprinzipien der Renaissance.

Oben:

Der trapezförmige Kapitolsplatz, Piazza Campidoglio, wurde im 16. Jahrhundert von Michelangelo neu gestaltet. Er wird vom Konservatorenpalast, den Kapitolinischen Museen und dem Senatorenpalast umrahmt.

Rechts:
Porto Cervo liegt an der
Costa Smeralda, der
Smaragdküste Sardiniens.
In der Luxussiedlung von
Prinz Karim Aga Khan, der
den Küstenabschnitt in
den 6oer Jahren kaufte,
wetteifern die großen
Jachten mit den Armani-
und Versace-Boutiquen
um die Aufmerksamkeit
betuchter Touristen.

Unten:
Sonnenanbeter am Strand
von Santa Teresa Gallura
auf Sardinien, der zweit-
größten Insel Italiens.

Links:
Bizarre Felsformationen am Capo d'Orso auf Sardinien.

Unten:
Die roten Porphyrfelsen von Arbatax auf Sardinien bieten herrliche Möglichkeiten zum Schnorcheln und Tauchen.

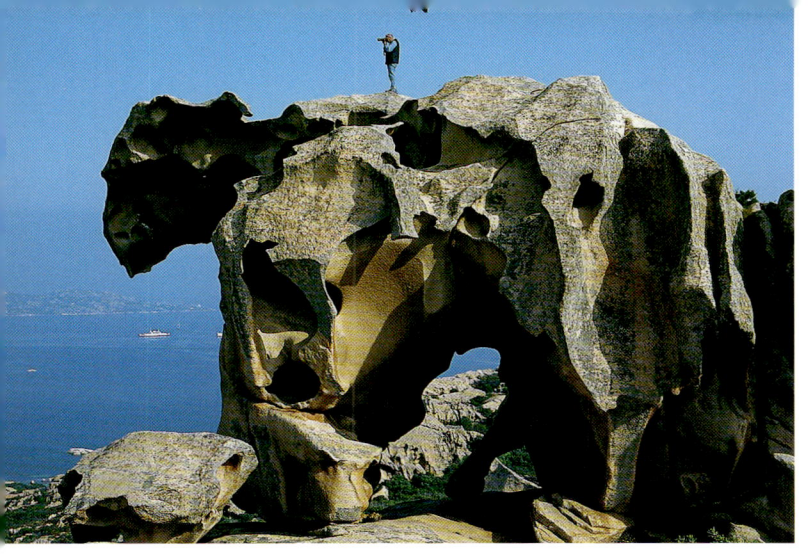

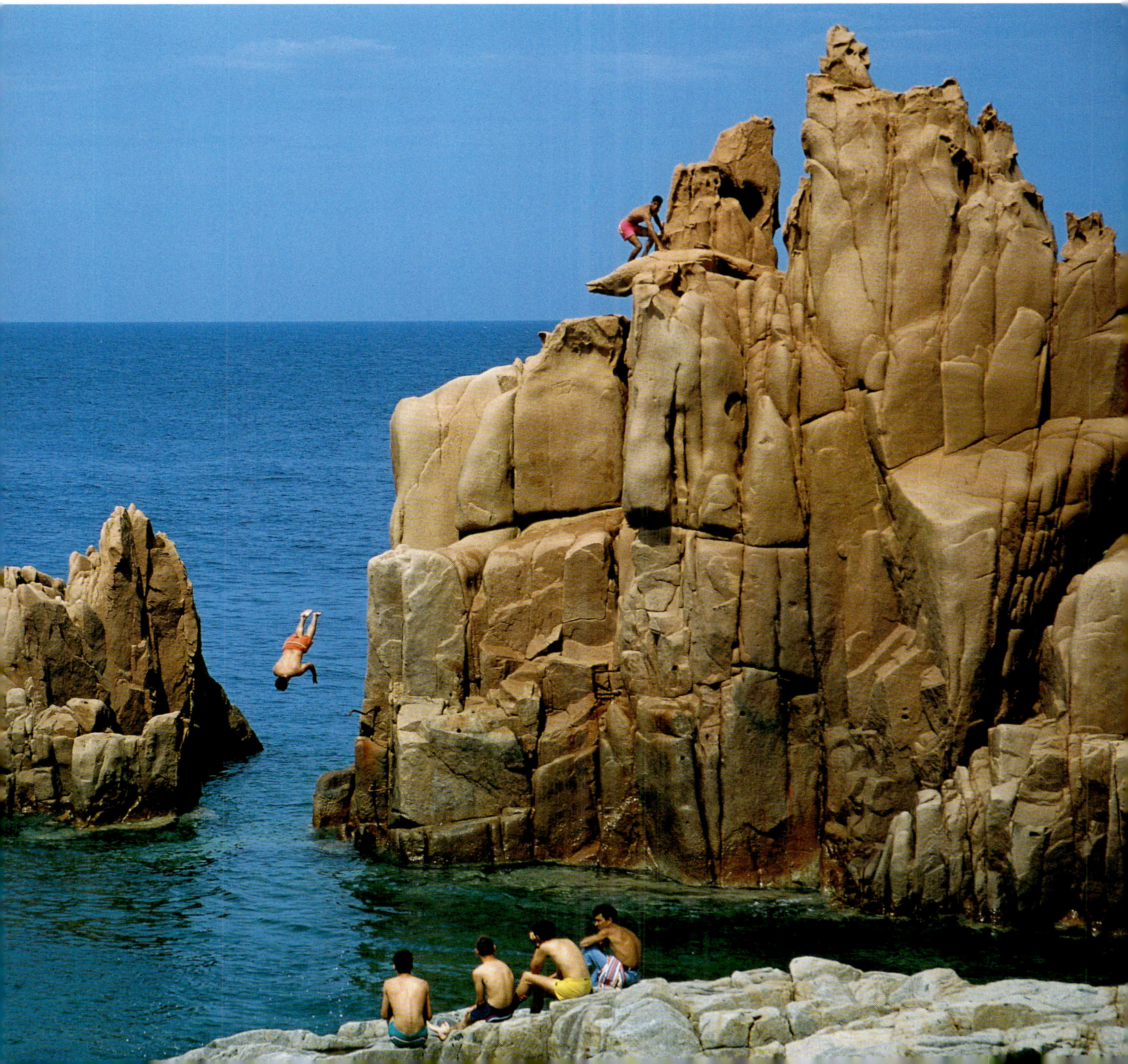

Süditalien – Ein Schmelztiegel der Kulturen

Rund 300 Meter über dem Golf von Neapel liegt Ravello an der Amalfi-Küste. Vom Park der Villa Rufolo, den schon Richard Wagner besuchte, hat man einen herrlichen Blick.

Viele Reisende folgen im Süden den Spuren der Griechen und Römer. Neapel und Palermo mit ihren Nationalmuseen, Paestum mit seinen Heiligtümern, Syrakus, Selinunt und Agrigent mit ihren Stadt- und Tempelanlagen geben noch heute Zeugnis von der griechischen Kolonisation. Doch das ist nicht alles, was der Süden Italiens zu bieten hat. Kampanien, die am häufigsten besuchte Region Süditaliens, ist berühmt für den Golf von Neapel mit dem Vesuv und seine Inseln, vor allem Capri und Ischia. In Apulien, einem sehr alten Kulturland, findet man Bauten verschiedenster Stile: die apulische Romanik der Kathedralen zum Beispiel in Bari, Altamura und Bitonto, die Barockbauten von Lecce, Burgen Friedrich II. und natürlich die „Trulli", kegelförmige Rundhäuser. In der am Golf von Tarent gelegenen Region Basilikata kann man in der alten Stadt Matera die „Sassi" sehen – in den Fels gehauene Höhlenwohnungen, die unter UNESCO-Schutz stehen. Überall in Kalabrien, das auf drei Seiten vom Meer umgeben ist, finden sich Relikte von Ereignissen und Kulturen der Vergangenheit. Sizilien, die südlichste Region Italiens, ist ein Schmelztiegel der Kulturen des Mittelmeerraums und dementsprechend viele Spuren hinterließen die Griechen, Römer, Byzantiner, Araber und Normannen. Die Szenerie beherrscht auf Sizilien aber der 3363 Meter hohe Ätna, der größte aktive Vulkan Europas und höchste Berg Italiens außerhalb der Alpen. Etwas weniger, dafür außergewöhnliche historische Denkmäler, bietet Sardinien, zum Beispiel die bis in die frühgeschichtliche Zeit zurückreichenden Nuraghen, turmartige Bauten aus großen, rechteckigen, bearbeiteten Steinblöcken. Hier gibt es mehr Schafe als Einwohner – eine Tatsache, die Erholung und Ruhe auf der zweitgrößten Insel Italiens im westlichen Mittelmeerbecken verspricht.

Die Schönheit der einzelnen Häuser in Pompeji entfaltet sich nach innen zu den Höfen hin, wie zum Beispiel in der Casa di Venere. Die Außenfassaden sind eher schmucklos. In Pompeji haben die Reste römischen Alltagslebens unter einer Ascheschicht die Jahrhunderte überdauert. Beim Ausbruch des Vesuvs 79 n. Chr. wurde Pompeji begraben und erst im 16. Jahrhundert wiederentdeckt. Das zur Zeit des Vulkanausbruchs etwa 10 000 Einwohner zählende Pompeji vermittelt mit seinen Häusern, Tempeln, Bädern und Bordellen einen Einblick in die Strukturen einer antiken Stadt.

Die Via dell'Abbondanza verbindet in Pompeji die wichtigsten Sehenswürdigkeiten von der Porta di Sarno bis zum Forum. Als Belag für die Straßen Pompejis wurden Lavablöcke verwendet, die tiefe Karrenspuren aufweisen.

Die Basilika von Paestum ist neben dem Poseidon- und dem Ceres-Tempel das älteste von den drei wichtigsten Bauwerken. Der Name Basilika wurde dem ursprünglichen Hera-Tempel von Archäologen des 18. Jahrhunderts gegeben. 50 Travertinsäulen mit je zwei Metern Durchmesser bilden ein 24 Meter breites und 54 Meter langes Rechteck.

Die Abtei von Monte Cassino wurde 529 von Benedikt von Norcia gegründet und ist die Wiege des Benediktiner-Ordens. Im 11. Jahrhundert galt das Kloster als das reichste der Welt. 1944 zerbombt, wurde die Anlage später rekonstruiert.

Seite 104/105:
Neapel, die drittgrößte Stadt Italiens, ist Hauptort der Region Kampanien. Einmalig ist ihre Lage am Fuße des Vesuvs und am Nordrand des Golfs von Neapel. Das Castel dell'Ovo, die vorgelagerte Hafenburg, stammt aus dem 9. Jahrhundert.

Linke Seite:
Das Innere der Jesuiten-kirche Gesù Nuovo aus dem Jahre 1584 in Neapel empfängt einen mit barocken Formen. Sehenswert ist auch das Fresko von Francesco Solimena „Vertreibung des Heliodor aus dem Tempel" im Eingang.

Die 56 Meter hohe Glas-decke in neoklassizis-tischem Stil der Galleria Umberto I. in Neapel wurde 1887 errichtet.

Die Galleria Umberto I. ist eine Einkaufspassage in der Altstadt Neapels. Sie wurde im Rahmen der Stadterneuerung nach der Choleraepidemie 1884 nach Plänen von Emanuele Rocco und Ernesto di Mauro erbaut und mit der markanten Glaskuppel überdacht.

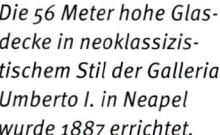

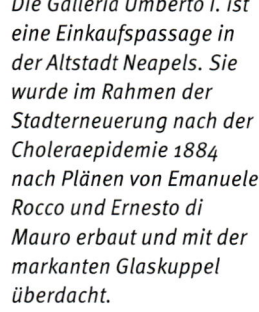

Oben:
Schier endlos erscheint das Häusermeer von Neapel. Inmitten der modernen Vorstädte versteckt sich ein äußerst sehenswertes Zentrum.

Rechts:
In der Mitte der halbkreisförmigen Piazza Plebiscito liegt die Kirche San Francesco di Paola.

Rechts:
Eine Oase der Stille in der Millionenstadt Neapel ist der Kreuzgang des ehemaligen Klarissenklosters Santa Chiara.

Ganz rechts:
Der heutige Bau des Palazzo Reale entstand nach einem Brand im 19. Jahrhundert. In dem Gebäude befindet sich unter anderem die Biblioteca Nazionale.

Neapels Reiz liegt nicht nur in seinen großen Prachtbauten: Die verwinkelte Altstadt mit ihren engen Gassen und verschachtelten Häusern hinterlässt einen lebendigen Eindruck. Sie wurde von der UNESCO zum Weltkulturerbe ernannt. Dicht bebaut und dicht bevölkert ist der Verkehr natürlich entsprechend chaotisch, weshalb der Neapolitaner gerne Vespas oder zumindest kleine Autos bevorzugt.

Ischia, die größte Insel im Golf von Neapel, ist bekannt für Thermalquellen. Casamicciola Terme, der traditionsreichste Kurort, erstreckt sich circa vier Kilometer westlich von Ischia Porto an der Nordküste.

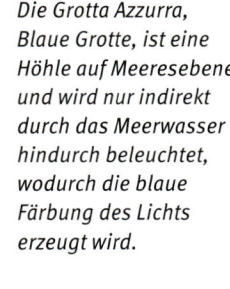

Die Grotta Azzurra, Blaue Grotte, ist eine Höhle auf Meeresebene und wird nur indirekt durch das Meerwasser hindurch beleuchtet, wodurch die blaue Färbung des Lichts erzeugt wird.

Procida ist die kleinste Insel im Golf von Neapel. Der gleichnamige Ort an der Nordostküste besitzt sowohl einen modernen Hafen, als auch einen alten Fischereihafen, Corricella, über dem sich auf einem Felsen die mittelalterliche Oberstadt erstreckt. An der Kirche des Inselpatrons San Michele Arcangelo startet am Karfreitag eine bekannte Prozession.

Oben:
Inmitten üppiger Zitronen-
und Orangenhaine
liegt Sorrent auf einem
Tuffsteinfelsen über dem
Meer. Von den Griechen
gegründet war der Ort
bereits in der Antike eine
beliebte Sommerfrische.

Links:
Stilvoll genießen kann
man seinen Urlaub in
Sorrent unter anderem im
Park des Luxushotels
Excelsior Vittoria. Zahl-
reiche Villen und Hotels
aus der Belle Époque er-
zählen von der Beliebtheit
des Badeorts um 1900.

Seite 114/115:
*Steil stapeln sich die
Häuser des ehemaligen
Fischerstädtchens
Positano an der Amalfi-*

*küste übereinander.
Bekannt wurde der Ort
Anfang der 1960er-Jahre,
als sich hier zahlreiche
Künstler aufhielten.*

Die „Sassi" genannten
Höhlenwohnungen in
Matera, die schon in
vorgeschichtlicher Zeit
bewohnt waren, liegen
am Rand einer hohen
Felswand. 1993 wurden
die Höhlenwohnungen
von der UNESCO zum
Weltkulturerbe erklärt.

Unten:
Das Hohenstaufenschloss
(1278 erneuert) in Melfi,
das im Mittelalter eine
Normannenhauptstadt
war, wurde auf den Resten
einer alten Normannen-
burg erbaut und besitzt
sieben Türme. Heute ist
es Sitz des Museo Archeo-
logico Nazionale.

Unten Mitte:
Eine eindrucksvolle
Erosionslandschaft, die
immer wieder Dörfer in
die Tiefe reißt, liegt im
Süden Italiens bei Aliano
in der Basilikata, Schau-
platz von Carlo Levis
Roman „Christus kam
nur bis Eboli".

Oben:
Die Fresken der Höhlen-
kirche Santa Lucia alle
Malve sind die berühmtes-
ten in Matera. Auch in den
über 300 anderen Kirchen
findet man sehenswerte
Malereien.

OLIVENÖL – DIE SEELE DER ITALIENISCHEN KÜCHE

Seit in den siebziger Jahren Wissenschaftler die Vorteile der „dieta mediterranea" und damit die Vorzüge des Olivenöls entdeckten, wurde auch in Nordeuropa dieser wesentliche Bestandteil der mediterranen Küche immer beliebter.

Neben dem Weinstock gehört der Olivenbaum zu den ältesten Kulturpflanzen der Menschheit. Schon bei den Ägyptern wurde das Olivenöl für Zeremonien und zum Salben verwendet. Über die Phönizier und die Griechen gelangte der Olivenbaum zwischen dem 6. und 7. Jahrhundert vor Christus nach Italien, wo das Olivenöl nicht nur als Grundnahrungsmittel, sondern auch als Basis für Heilsalben und als Brennmaterial hoch geschätzt wurde. In der Literatur des Altertums findet das Olivenöl bei Varro und Cato, aber auch in dem über 2000 Jahre alten Kochbuch des Apicius Erwähnung. In der Bibel wird an mehr als 200 Stellen der Olivenbaum beziehungsweise das „heilige" Öl genannt. Im Mittelalter bauten hauptsächlich Klöster Oliven zur Ölgewinnung für die Beleuchtung ihrer Kirchen an. Im 14. Jahrhundert entstand in Venedig die erste Kontrollbehörde für Olivenöl: Die „Visdomini di Teneria" überprüften die Ein- und Ausfuhr von Olivenöl. Nachdem jahrhundertelang meist Familienbetriebe oder kleinere Genossenschaften Olivenöl produzierten, wurde erst im 19. Jahrhundert durch den Einsatz von industriellen Raffinerien Olivenöl zur allgemeinen Handelsware.

Italienisches Olivenöl

Nachdem Romulus und Remus, die beiden mythischen Stadtgründer Roms, unter einem Olivenbaum geboren worden sein sollen, verwundert es nicht, dass Italien im 1. Jahrhundert vor Christus das olivenbaumreichste Land der Welt gewesen ist. Heute belegt Italien nach Spanien Platz 2 in der Rangliste der Oliven-Anbauländer. In Italien gibt es nur eine einzige Provinz, in der man keinen Olivenanbau findet: das Aostatal. Den besten Ruf in Sachen Olivenöl hat die Toskana, obwohl dort nur etwa 2 bis 3 Prozent des italienischen Olivenöls produziert werden. Das größte Anbaugebiet befindet sich im Süden: Dort tragen Apulien und Kalabrien etwa 70 Prozent, Sizilien etwa 10 Prozent und Kampanien 5 Prozent zur Gesamtproduktion bei. Das nördlichste Oliven-Anbaugebiet liegt am Gardasee.

Dabei bringt jede Region ihr eigenes, geschmacklich unterschiedliches Olivenöl hervor. Denn der Geschmack hängt nicht nur von Anbau- und Erntebedingungen ab, sondern auch von den über 30 Hauptolivensorten, die es in Italien gibt. Im Süden findet man hauptsächlich die Coratina-Olive, in Mittelitalien herrschen die Sorten Frantoio, Leccino und Moraiolo vor, während in Ligurien hauptsächlich die Taggiasca-Olive angebaut wird.

Verarbeitung und Klassifizierung

Die Herstellung von Olivenöl ist einzigartig, weil es allein mit mechanischen Mitteln aus frischem Fruchtfleisch gewonnen wird. Dabei gilt das bereits von den Römern angewendete Verfahren von Mahlen und Pressen noch heute, nur dass Hydraulikpressen die Schraubenpressen der Antike ersetzt haben. Da die modernen Hydraulikpressen schon bei der ersten Pressung bis zu 90 Prozent des Öls aus der Fruchtmasse gewinnen und der restliche Presskuchen in einer Raffinerie nur noch zu Öl für industrielle Zwecke weiterverarbeitet wird, hat die alte Unterscheidung zwischen Erstpressung (= kaltgepresst) und Zweitpressung (= heißgepresst) heutzutage keine Bedeutung mehr. Vielmehr wird die Qualität des Öls an seinem Säuregrad gemessen. So darf „extra natives" Olivenöl nicht mehr als ein Gramm Säure pro 100 Gramm Öl enthalten und bildet damit die Spitzenklasse der Olivenöle. Nicht mehr als zwei Prozent Säure hat das native Olivenöl. Nur „Olivenöl" wird der Verschnitt von raffiniertem Olivenöl, bei dem die Begleitstoffe entfernt sind, mit nativen Ölen genannt. Das Mischungsverhältnis ist nicht vorgeschrieben. Doch die Bezeichnung sagt nichts über den Geschmack aus. Die Bandbreite der Geschmacksrichtungen ist groß und reicht von sehr süß und mild bis zu pikant, scharf und bitter. So muss jeder „sein" Olivenöl finden.

Olivenöl als Heilmittel

Die Früchte des Olivenbaums schmecken nicht nur gut, sondern sind auch noch gesund! Bei den Griechen und Römern rieben sich die Athleten mit Olivenöl ein, Oliven galten als Stärkungsmittel für den Magen – besonders bei Alkoholgenuss –, als Arznei gegen Milzkrankheiten und

Links:
Nur noch selten werden die empfindlichen Oliven von Hand gepflückt. Stattdessen werden Netze unter den Bäumen aufgespannt und die Früchte mit Stöcken von den Zweigen geschlagen oder mit grobzinkigen Rechen abgestreift.

Oben:
Nicht nur das gepresste Öl der Olive ist ein Genuss, auch eingelegte Oliven aller Art lassen Gaumenfreuden aufkommen.

ihnen wurde sogar aphrodisierende Wirkung nachgesagt. Nicht alle diese Eigenschaften werden dem Olivenöl heute noch zugesprochen, dennoch wird es als besonders gesundes Lebensmittel gepriesen. So soll der überwiegende Anteil an ungesättigten Fettsäuren der Erkrankung von Herzkranzgefäßen vorbeugen und das Cholesterin reduzieren. Darüber hinaus ist Olivenöl leicht verdaulich, regt die Galle an und hilft bei der Umsetzung von Vitaminen und Mineralstoffen. Endlich ein gut schmeckendes Nahrungsmittel, das man ungestraft genießen kann!

Rechts oben:
Landarbeiter bei der Olivenernte bei Enna auf Sizilien. Nur noch die Oliven für die allerfeinsten Öle werden von Hand gepflückt.

Rechts Mitte:
Italienische Idylle: Olivenhain mit blühendem Mohn. Im milden gemäßigten Klima Italiens fühlt sich der Olivenbaum vom Gardasee bis nach Sizilien wohl.

Rechts:
Im Museo dell'Olio in Bardolino am Gardasee wird die Ölherstellung gezeigt, wie sie früher bei den Bauern üblich war.

Alte Pressen, Mühlsteine und Werkzeuge sind zu sehen, frisch gepresstes Öl kann man dort auch gleich erwerben.

Links:
Der Hafen von Molfetta
in Apulien, das eine der
größten Fischereiflotten
der Adria besitzt. Der
Duomo Vecchio San
Corrado (1150 bis Ende
13. Jahrhundert) im Hintergrund ist dem bayerischen
Heiligen Konrad geweiht,
der auch als Stadtpatron
verehrt wird und in der
Nähe von Molfetta gestor-
ben sein soll.

Links unten:
Der Dom von Trani liegt
direkt am Meer. Dieser
San Nicola Pellegrino
geweihte Dom wurde im
12. Jahrhundert über der
älteren – im 10. Jahrhun-
dert entstandenen – Kirch
Santa Maria errichtet,
in die man durch das Süc
portal hinabsteigt.

Unten und links:
Das schöne Fischer- und Hafenstädtchen Vieste, der lebhafteste Ort des Gargano, ruht in 43 Metern Höhe über dem Meer. Die Geschichte des Ortes beginnt bereits im 10. Jahrhundert v. Chr. als griechische Kolonie und späteres römisches Municipium. Friedrich II. ließ hier 1240 eine Burg bauen, die 1537 umgestaltet wurde.

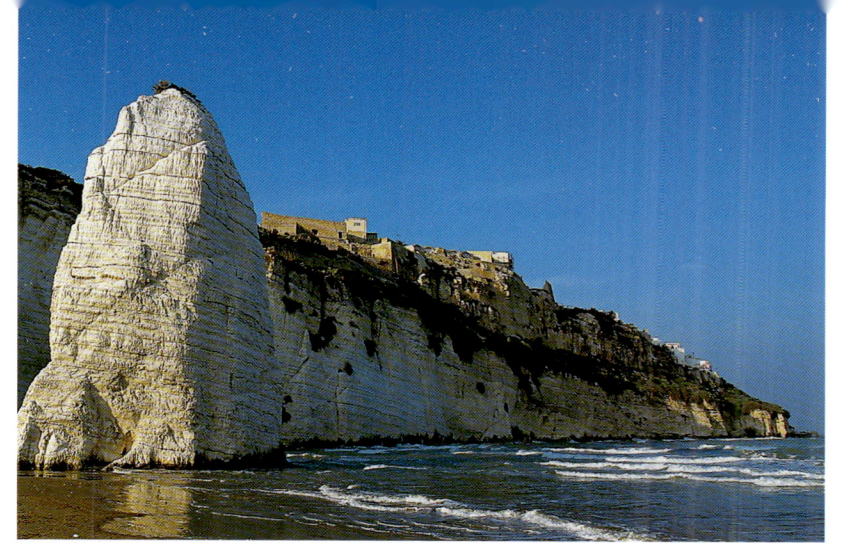

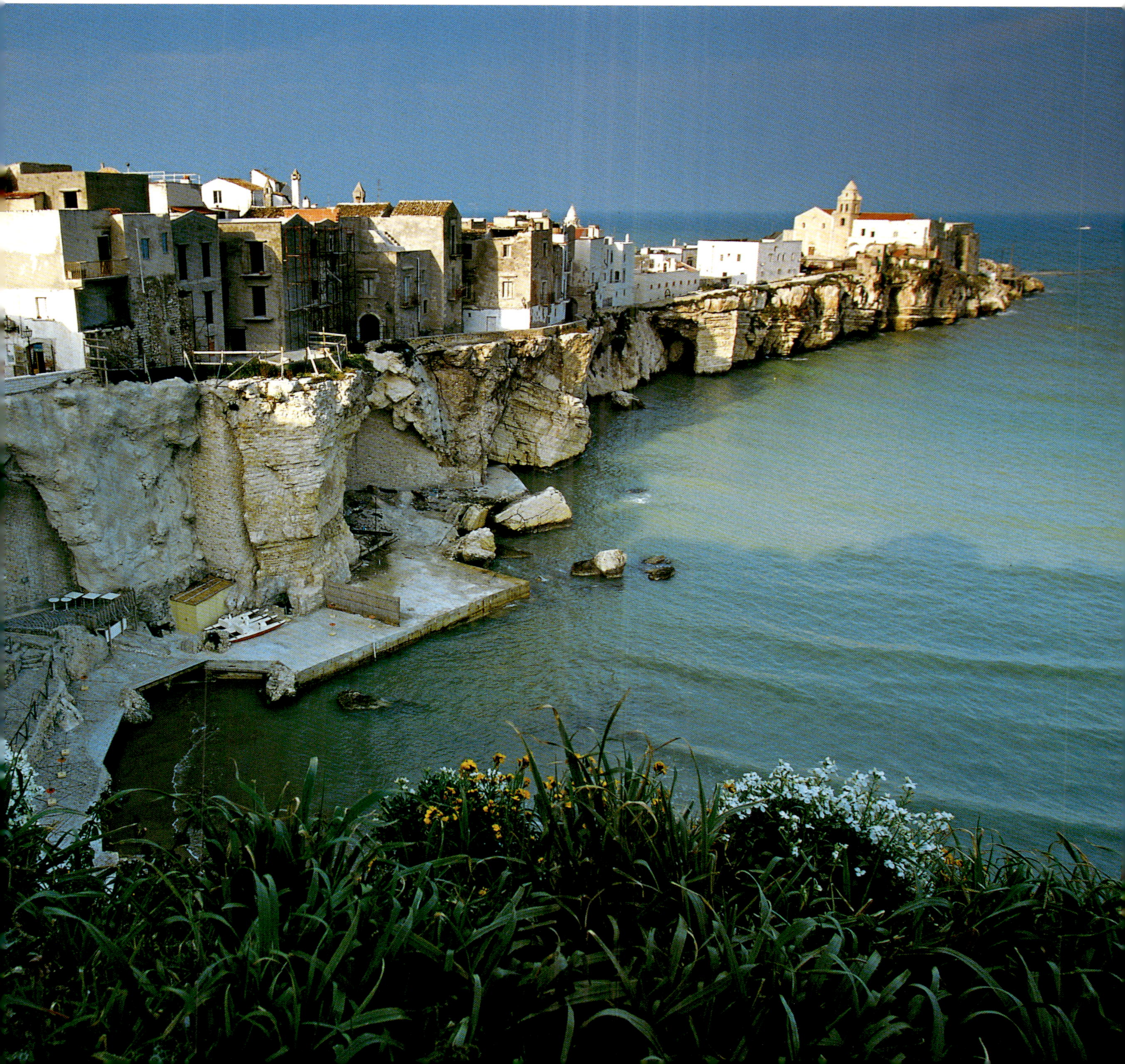

Linke Seite:
Der Dom von Lecce, der „Perle des apulischen Barock", wurde 1659-70 auf dem romanischen Grundriss des 12. Jahrhunderts errichtet. Der Baumeister Giuseppe Zimbalo erbaute auch den 68 Meter hohen Campanile (1661-1682) mit der zierlichen Kuppel.

Auf einem 540 Meter hohen Hügel erhebt sich die „Krone Apuliens", das Castel del Monte, die berühmteste Hinterlassenschaft des Staufers Friedrich II. Die Burg aus dem 13. Jahrhundert, die der Bauherr Friedrich II. selbst geplant haben soll, mag tatsächlich wie eine Krone gewirkt haben, da die acht Eckbastionen ursprünglich höher als der Hauptkörper waren.

Die Kathedrale San Sabino aus der ersten Hälfte des 11. Jahrhunderts in der Stadt des heiligen Nikolaus, Bari, wurde 1170 nach dem Vorbild von San Nicola erneuert. Sie bekam die gleichen tiefen Nischen der Langhäuser mit den gleichen sechsteiligen Öffnungen darüber und eine reiche Innenausstattung.

Seite 124/125:
Im Zentrum der südlichen Spitze des italienischen Stiefels in Kalabrien liegt das Bergmassiv des Aspromonte. Ein Teil des Gebietes ist im Parco Nazionale dell'Aspromonte geschützt.

Links:
An der nordöstlichen
Spitze der Halbinsel Isola
di Capo Rizzuto, am Capo
Colonna, erhebt sich ein-
sam eine dorische Säule,
die einzige, die von einem
Hera-Tempel übrig
geblieben ist.

Links:
Stimmungsvoller Blick
auf Sizilien von der Costa
Viola, der „Violetten
Küste" des tyrrhenischen
Meeres in Kalabrien.

Oben:
Der Ort Scilla an der
Costa Viola ist nach dem
Felsen des See-Unge-
heuers Skylla benannt.
Die reißenden Strudel der
Meerenge wurden schon
immer von Seefahrern
gefürchtet.

Trapani an der Westküste Siziliens ist ein wichtiger Umschlagplatz für sizilianische Weine, die vom Hafen der Stadt in viele Länder exportiert werden. In der modernen Stadt haben sich bedeutende Bauwerke aus dem Mittelalter, der Renaissance und dem Barock erhalten.

Die figurenreiche Fontana Pretoria wurde 1555 von den Florentiner Bildhauern Francesco Camillani und Angelo Vagherino eigentlich für eine der Villen des Don Pedro de Toledo in Florenz geschaffen, 1575 aber nach Palermo verkauft, wo der Brunnen heute auf der Piazza Pretoria steht. 24 Tierköpfe, 20 Urnen und 37 Statuen schmücken die Brunnenanlage mit 133 Metern Umfang und 12 Metern Höhe.

Die Kathedrale Santa Rosalia von Palermo wurde 1170 in arabisch-normannischem Stil begonnen und 1185 geweiht. An der Südfassade sind vor allem die spitzbogigen Arkaden, die mächtigen, von Konsolen getragenen Bogenfriese und der maurische Zinnenkranz bemerkenswert. Der dreibogige, gotische Portikus mit seinem reichen Schmuck stammt aus dem Jahre 1465.

Der Fischerhafen der Stadt Cefalù, die malerisch am Fuß des 268 Meter hohen Rocca di Cefalù am Meer liegt und eine der ältesten Städte Siziliens mit teilweise arabischem Gepräge ist. Reste einer mittelalterlichen Burg und eines Diana-Tempels findet man auf dem Rocca di Cefalù.

Unten:
Das griechische Theater von Syrakus wurde im 5. Jahrhundert v. Chr. in den Felsen des Hügels Temenitis geschlagen und gilt mit einem Fassungsvermögen von 15 000 Zuschauern als größtes Theater der Welt aus dieser Zeit.

Unten Mitte:
Der Tempel E in Selinunt wurde erst in den 1950er-Jahren mit allen 38 Säulen wieder aufgebaut. Selinunt, um 650 v. Chr. von Griechen gegründet und 409 v. Chr. von den Karthagern zerstört, gehört zu den bedeutendsten archäologischen Ausgrabungsstätten Italiens.

Ganz unten:
Antike Bikinis sind auf Mosaiken in der Villa Romana del Casale bei Piazza Armerina zu bewundern. Durch einen Erdrutsch im Mittelalter wurde das römische Herrenhaus erhalten, das mit seinen 3500 Quadratmetern Mosaik eine Weltsehenswürdigkeit ist.

Der Tempel der Juno Lacinia im Tal der Tempel bei Agrigent ist ein alt-dorischer Bau aus der Zeit von 500 bis 480 v. Chr. und steht 130 Meter hoch am Rand eines Fels-abbruchs. Er besitzt noch 25 unversehrte, 6,5 Meter hohe dorische Säulen.

Die byzantinischen
Mosaiken aus dem
12. Jahrhundert in der
Kirche La Martorana in
Palermo sind der älteste
Mosaikenzyklus Siziliens.
Die Kirche Santa Maria
dell'Ammiraglio oder
La Matorana wurde 1143
im arabisch-normanni-
schen Stil erbaut.

Der Friedhof von Noto
auf Sizilien liegt auf einer
Anhöhe inmitten reicher
Oliven- und Mandel-
pflanzungen. Noto Antico
wurde 1693 durch ein
Erdbeben zerstört, das
neue Noto im Barockstil
wieder aufgebaut.

Register

Nicht nur Wein erfreut den Gaumen der Genießer – auch hochprozentigeres wie zum Beispiel Grappa kann man auf dem Mittwochsmarkt in Luino am Lago Maggiore erstehen.

Impressum

Buchgestaltung
www.hoyerdesign.de

Karte
Fischer Kartografie, Aichach

Printed in Germany
Repro: Artilitho snc, Lavis-Trento, Italien
        www.artilitho.com
Druck und Verarbeitung: Offizin Andersen Nexö, Leipzig
© 2011 Verlagshaus Würzburg GmbH & Co. KG
© Fotos: Max Galli
© Texte: Ulrike Ratay

ISBN 978-3-8003-4121-4

Unser gesamtes Programm finden Sie unter:
www.verlagshaus.com

Bildnachweis
Alle Bilder von Max Galli mit Ausnahme von:
Tina und Horst Herzig: S. 6/7 (1 Abb.), S. 52/53 (3 Abb.),
S. 54 großes Bild, S. 55 Bild rechts oben.
S. 10/11: Simon Cigoj/iStockphoto.com; S. 14/15: go1xm/
iStockphoto.com; S. 20/21: Slava Valitov/ iStockphoto.com;
S. 28: Matus Braxatoris/iStockphoto.com; S. 30/31:
Giorgio Fochesato/iStockphoto.com; S. 33 Bild oben:
Peter Wey/iStockphoto.com; S. 33 Bild unten:
aprott/iStockphoto.com; S. 41 Bild oben und Bild unten:
Claudio Divizia/iStockphoto.com; S. 42: Rostislav Glinsky/
iStockphoto.com; S. 43 Bild ganz oben: photocamera/
iStockphoto.com; S. 43 Bild ganz unten: David Gluzman/
iStockphoto.com; S. 44 Bild oben: TommL/
iStockphoto.com; S. 44 Bild unten und Bild S. 45: Andrea
Astes/iStockphoto.com; S. 56/57 Bild oben und S. 56
Bild unten: Antonio Scarpi/iStockphoto.com; S. 57 Bild
unten: Bogdan Lazar/iStockphoto.com; S. 82: Kenneth
Wiedemann/iStockphoto.com; S. 88: James Chou/
iStockphoto.com; S. 90/91: Nikada/iStockphoto.com;
S. 103 Bild oben: Chris Hurtt/iStockphoto.com; S. 104/105:
Quanthem/iStockphoto.com; S. 108 Bild ganz oben:
Angela Sorrentino/iStockphoto.com; S. 109 Bild ganz
oben und Bild links unten: Dave Long/iStockphoto.com;
S. 109 Bild rechts Mitte: Leon Goedhart/iStockphoto.com;
S. 109 Bild rechts ganz unten: Eduardo Luzzatti Buyé/
iStockphoto.com; S. 124/125: Quanthem/iStockphoto.com;
S. 128 Bild oben: Fabio Michele Capelli/iStockphoto.com;
S. 130: xyno/iStockphoto.com.